# TAKE OFF

# TAKE OFF
# 테이크 오프

**1판 1쇄 펴낸 날** 2021년 10월 20일

**지은이** 이상규
**펴낸이** 나성원
**펴낸곳** 나비의활주로

**책임편집** 유지은
**디자인** design BIGWAVE

**주소** 서울시 성북구 아리랑로19길 86, 203-505
**전화** 070-7643-7272
**팩스** 02-6499-0595
**전자우편** butterflyrun@naver.com
**출판등록** 제2010-000138호
**상표등록** 제40-1362154호

**ISBN** 979-11-90865-47-0 03320

치열한 온라인 시장에서
마케팅 차별화를 위한 12가지 법칙

# TAKE OFF
# 테이크 오프

이상규 지음

나비의 활주로

프 롤 로 그

# '리더가 되기 위한 마케팅'의 핵심, 테이크 오프 트레이닝

리더의 마케팅 대표 이상규입니다. 첫 저서인 《대한민국 리더들이 모르는 온라인 마케팅의 함정》이 많은 사랑을 받아 경제경영 분야 7위, 마케팅 분야 1위를 기록했었습니다. 이렇게 많은 관심과 사랑을 주셔서 감사하다는 말씀을 꼭 드리고 싶었습니다. 이를 계기로 문의와 상담이 잇따르면서 더 많은 사장님과 인연이 닿았고, 비즈니스와 마케팅에 대해 더욱 깊이 있는 이야기를 나눌 수 있었습니다.

저는 요즘도 여전히 광고 대행과 마케팅 강사로 활동하고 있습니다. 광고주와 미팅을 하고, 소상공인을 지원하는 국가 기관에 출강을 나가다 보니 여러 사장님들의 사연을 접하게 됩니다. 그런데 아이템은 정말 훌륭하지만 온라인 마케팅의 함정에 발목이 잡혀 매출이 확 늘지 못하는 못하는 안타까운 사례가 많았습니다. 그래서 대한민국 사장님들이 자주 당하는 마케팅의 함정을 종류별로 정리하고 대책을 알려드리는 의도로 첫 책을 집필했었습니다.

마케팅의 함정은 여러 가지가 있지만, 대표적으로 '광고대행사의 함정, 유입과 노출의 함정, 차별화의 함정, 채널의 함정'을 들 수 있습니다. 이렇게 4가지라고 설명했었고, 이러한 오류를 피한 사장님들은 많은 도움이 되었다고 하셨습니다.

당시 《대한민국 리더들이 모르는 온라인 마케팅의 함정》에 나온 사례를 참고해 본인의 사업에 적용하여 성과를 낸 분도 계시지만, 책에서 다루지 않았던 아이템으로 사업하시는 분들은 실전에 적용하지 못한 부분이 있어 아쉽다는 의견도 있었습니다. 그래서 이번에는 '어떤 비즈니스를 하시건 책을 참고삼아 따라하면서 차별화 전략을 만들 수 있는 방법론을 다뤄야겠다'라고 결심했습니다.

아시다시피 사업에 있어서 마케팅Marketing이 차지하는 비중은 매우 큽니다. 비즈니스의 꽃은 마케팅이라는 말도 있으니까요. 올바른 마케팅은 매출 증진을 하게 해주고 충성고객을 만들면서 사업의 고도를 한 단계 더 높이지만, 잘못된 마케팅은 비용 낭비, 매출 하락, 안티 고객을 만들어냅니다.

수많은 기업의 마케팅 대행을 맡다 보면 어떤 회사는 마케팅을 시작하자마자 대박이 터집니다. 매출이 급상승하고 더 나아가 브랜딩까지 이루어집니다. 하지만 어떤 회사는 다소의 매출 증진은 있을지언정 큰 성공은 거두지 못했습니다. 저는 이 차이에 관한 근본적인 이유를 중점적으로 분석하였고 그 공통점을 정리하기 시작했습니다.

누적된 경험과 데이터를 기반으로 내린 결론은 '큰 성공은 채널과 광고만으로는 한계가 있다'라는 것입니다. 온라인 마케팅 이전에 독보적인 상품, 비즈니스 기획이라는 시스템을 얼마나 잘 짜느냐에 따라 성과가 달라진다는 말이죠. 마치 비행기에 우수한 날개(마케팅)를 달아도 엔진(사업 아이템, 비즈니스 시스템)의 출력이 약하면 성공이라는 이름의 하늘로 날아오르지 못하는 것과 같습니다.

이 비행기에 관한 비유는 앞으로도 꾸준히 언급할 것입니다. 여러분의 비행기(비즈니스)가 무사히 비상(성공)하기 위해 어떻게 강력한 엔진(차별화 전략)과 알맞은 날개(마케팅)를 장착할 수 있는지 차근차근 말씀드리겠습니다.

즉, 첫 책이 함정을 피해 올바른 마케팅을 하는 '리더가 알아야 할 마케팅'을 다뤘다면, 이 책은 '리더가 되기 위한 마케팅'이 주제입니다. 갈수록 경쟁이 치열해지는 지금 시장에서는 차별화된 시장을 만들고, 그 시장의 리더 기업이 되는 것이 무엇보다 중요합니다. 1990년대만 하더라도 제품을 만들면 팔리는 시절이었습니다. 시장의 전체 수요보다 공급이 적었기 때문입니다. 하지만 지금 같은 공급 과잉 시장에서는 단순히 좋은 제품, 훌륭한 서비스를 만드는 것만으로는 고객이 알아서 찾아오지 않습니다. '남들과는 정말 다르다'라는 점을 확실하게 어필해야 입소문이 퍼져나갑니다.

예전 저서에서도 말씀드렸지만 많은 사장님이 차별화의 함정에 빠집니다. 차별화의 중요성을 모르는 사람은 없기에 시중에서도 차별화에 관한 다양한 방법론이 있습니다. 방법은 참 많은데 대기업 중심 사례가 많고, 마케팅 전공자조차도 헷갈려서 어떻게 실무에 적용해야 할지 난색을 보입니다.

많은 사장님을 만나다 보면 이 차별화의 함정에 빠져 매출이 나지 않는 경우가 많습니다. '어떻게 해야 마케팅이라는 날개를 달았을 때 힘차게 날아오를 엔진을 달아줄 수 있을까?' 하고 치열하게 고민을 거듭했습니다. 고심과 연구 끝에 소상공인 사장님도 간단하게 실무에 적용할 수 있는 방법론을 정리했습니다. 그것이 바로 앞으로 소개할 '테이크 오프 트레이닝Take Off Training'입니다. 현상 유지만 해서는 생존조차 도모하기 힘든 세상에서  이 책을 계기로 이제부터는 뜬구름 잡는 차별화가 아니라 진짜 여러분의 사업체가 업계의 리더로 도약할 실용성 있는 차별화를 하시길 바랍니다.

이상규

CONTENTS

## PART 3
## 확실한 서비스의 차별화를 위한 4가지 방법

# TAKE OFF

# PART 1

# 제품과 서비스가
# 시장에 안착하기 위한
# 필수 동력,
# 테이크 오프

CHAPTER 1

# 어떻게든 스스로 테이크 오프하라

01

# 당신의 비즈니스는 자력으로 테이크 오프 할 수 있는가

테이크 오프Take Off라는 단어를 들어본 적이 있으신가요? 이는 항공과 서핑에서 자주 쓰이는 용어로, 비행기가 양력을 얻어서 하늘 위로 날아오르는 순간이나 서퍼가 엎드린 자세(패들링)에서 일어서서 보드에 타는 순간을 말합니다. 비행기와 서핑 모두 이 테이크 오프하는 순간이 가장 어렵지만, 한 번 성공하면 드넓은 하늘과 바다를 가로지르며 안정적으로 운행할 수 있다는 공통점이 있습니다.

저는 사업도 마찬가지라고 생각합니다. 아무것도 없는 상태에서 막 시작하는 처음이 제일 어렵지만, 잘 팔리는 히트상품을 개발해서 수익을 내고 튼튼한 사업기반을 다지고 나서부터는 훨씬 순조롭게 사업을 이끌어나갈 수 있습니다. 물론 이를 통해 부와 명예를 손에 넣을 수 있겠지요. 그 후로는 더 많은 도전과 기회의 문에 열리게 됩니다.

비행기의 테이크 오프 모습

서핑의 테이크 오프 장면

막 서핑에 입문한 초보 서퍼가 가장 힘들어하는 것도 테이크 오프입니다. 수시로 변하는 바다의 상황에서 올라타기 좋은 파도의 흐름을 읽어 정확한 타이밍에 바른 자세로 스탠딩(standing, 지면에 두 발을 대지 않고 서 있는 기술)을 해야 하는데요. 테이크 오프에 익숙해지기 전까지 서퍼들은 많은 시행착오를 겪고, 계속해서 보드에서 넘어진다고 합니다. 하지만 파도를 잡아내어 올라탈 때의 성취감을 한 번 맛보면 계속해서 서핑에 도전하면서 점차 노련한 서퍼가 된다고 합니다.

당연히 사업도 안정적인 궤도에 올리기까지의 과정은 쉽지 않습니다. 넘어져도 계속해서 다시 도전하는 서퍼처럼, 지금 이 순간에도 많은 사장님이 내 사업을 하늘 높이 띄우기 위해 다양한 시행착오를 겪고 있을 것입니다. 필연적으로 마케팅에 관한 고민이 많을 수밖에 없습니다. 현장에서 마케팅 실무를 하면서 느낀 점은 점점 특정 채널만 파고드는 마케팅이 성공하는 시대는 저물어가고 있다는 점입니다.

예전만 하더라도 특정 마케팅 채널을 선점해서 대박을 터트리는 사례가 많았습니다. 아무도 모르던 무명의 맛집이 한 손님이 블로그에 남긴 포스팅 하나가 상위노출 되면서 문전성시를 이루거나, 평범했던 사람이 초창기에 인스타그램 인플루언서, 유튜브 크리에이터가 되면서 성공하는 사례가 대표적입니다.

그런데 세상은 계속 바뀌고 있습니다. 2년 전 첫 책을 낼 당시만 하더라도 채널에 관한 문의가 가장 많았습니다.'페이스북 광고를 어떻게 해야 하나요? 블로그 상위노출을 어떻게 해야 하나요? 인스타그램 계정을 어떻게 운영해야 할까요? 유튜브를 시작하고 싶은데 뭐부터 어떻게 해야 할까요?' 등등 일종의 매뉴얼, 사용법에 관한 질문이 많았죠.

그런데 요즘 들어서는 '~하는 방법How To'에 관한 문의는 거의 사라졌습니다. 그 대신 '유튜브에 계속해서 영상을 올리고 있는데 조회 수가 잘 안 나와요, 인스타그램 광고를 하고 있는데 사람들이 결제를 안 해요' 등등 방법에 관한 질문이 아니라 효율에 관해 질문하기 시작했습니다.

왜 그럴까요? 이러한 변화에 대해 이유를 생각해봤습니다. 첫째로 점점 모든 정보가 공개되는 방향으로 트렌드가 변하고 있습니다. 예전에는 마케팅 채널을 수익으로 연결하는 방법을 알기 위해서는 먼저 수익화를 해본 마케팅 고수들의 오프라인 현장 강의를 들어야 했습니다. 하지만 지금은 저렴한 온라인 강의도 많아졌고, 기초적인 정보는 웬만하면 유튜브에 다 공개되어 있습니다.

유통 총판과 같은 제품을 판매할 수 있는 권한도 예전에는 업계에 인맥이 있는 사람만 접근 가능했는데, 지금은 많이 공개된 편입니다. 일부의 사람만 활용할 수 있는 권리나 내가 발견한 노하우가 더는 나만의 비법이라고 할 수 없는 시대가 왔습니다.

제조사는 자신들만이 만들 수 있었던 제품이 다른 공장에서 똑같은 품질에 더 낮은 단가로 만들어지고 있고, 나만 유통할 수 있었던 제품과 서비스를 경쟁사가 똑같이 유통하다 보니 전통적인 제조·유통 시장도 메리트이점가 줄어드는 세상이 되었습니다.

과거에는 새로운 플랫폼이 등장하면 남들보다 일찍 시작한 얼리어댑터들이 많은 이익을 가져갔지만, 이제는 새로운 플랫폼이 등장하면 온라인을 통해 가이드와 비법이 퍼지기까지 채 한 달도 걸리지 않습니다. 영상 기반의 콘텐츠 송출이 가속화되면서 온라인 마케팅을 쉽게 배울 수 있게 되었습니다.

누구나 내 상품을 온라인에 노출하는 것이 이제는 더는 어렵지 않은 시대입니다. 그렇기에 마케팅 대행사에 들어오는 문의도 노출의 방법보다는 노출 이후의 문제인 전환률, 즉 '어떤 채널에 광고하고 있는데 효과가 없다. 판매되지 않는다'와 같은 문의가 많아진 것입니다. 인터페이스적인 방법론은 온라인에 다 나와 있으니 내 사업에 맞게끔 매출을 올리는 효과적인 광고 방법을 질문하게 된 것이죠.

앞으로는 기존 채널은 물론이고 새롭게 등장하는 마케팅 채널도 계정을 운영하고 광고하는 건 누구나 할 줄 아는 기본 스타트라인이 될 것입니다. 그와는 별개로 내 비즈니스의 본질을 차별화해야 경쟁사의 개성에 내 사업이 묻히지 않고 고객들의 주목을 받을 수 있습니다. 계속해서 신선한 뉴스를 찾는 시대이기에 차별화가 잘 된 아이템은 큰 광고비를 쓰지 않더라도 알아서 온라인에서 입소문이 퍼지게 됩니다.

백종원 대표의 〈골목식당〉 프로그램을 보셨을 겁니다. 이 프로그램에는 2가지 유형의 식당이 등장합니다. 방송 출연 이후에도 단골손님이 꾸준히 유지되는 가게와 방송의 효과로 잠깐 손님이 늘었지만, 방송이 끝나자 손님들 발길이 끊기는 가게입니다.

오래 인기를 지속하는 식당은 그 식당에서만 체험할 수 있는 특별한 메뉴나 서비스가 있습니다. 오로지 나만이 줄 수 있는 차별화된 강점을 먼저 갖춘 다음에 이를 홍보해야 비행기와 서퍼처럼 테이크 오프를 할 수 있습니다. 테이크 오프 과정 없이 방송에 나가면 대중에게 노출되는 그 잠깐 매출이 늘 수는 있어도 그것이 계속 이어지지는 않습니다. 이 프로그램에 등장하는 소상공인 분들은 방송을 타면서 홍보 효과를 얻는 것도 사실인데요. 누구나 여기에 등장할 수는 없지만, 잘 찾아보면 국가 차원에서 소상공인을 지원하는 프로그램들이 상당히 많습니다.

몇 년 전부터 정부가 주도하는 스타트업, 소상공인 창업지원 센터에 강의를 나가는 일이 많습니다. 나라가 예산을 지원해주고 규모가 작은 소상공인, 스타트업이 성공적으로 시장에 안착할 수 있도록 도와주는 기관입니다. 그런데 정작 작은 가게 사장님들은 정부 지원을 충분히 받을 수 있음에도 불구하고 잘 몰라서 기회를 놓치는 경우가 많더군요. 본격적인 내용으로 넘어가기 전에 꼭 알고 계셨으면 하는 사이트라서 이번 장 마지막에 정리하여 보았습니다.

출장을 나가 기관 관계자의 이야기를 들으며 안타까운 점이 있었습니다. 창업지원을 받는 스타트업, 소상공인들의 2~3년 후 생존율이 20~30 퍼센트 밖에 되지 않는다는 것입니다. 폐점률이 무려 70~80 퍼센트에 육박합니다. 코로나 19로 경기가 어려워진 점도 있지만, 제가 사장님들의 이야기를 들으면서 느낀 근본적인 원인은 따로 있었습니다. 스타트업은 아이디어로 경쟁해야 하는데 제품을 딱 봤을 때 감탄사가 튀어나오는 아이템이 별로 없었습니다.

〈골목식당〉만 보더라도 백종원 대표님이 식당의 메뉴를 전부 먹어 본 다음 소수의 차별화된 메뉴로 압축합니다. 이 방법은 요식업이 아닌 비즈니스에도 적용 가능합니다. 아이디어가 톡톡 튀는 차별화된 제품이 없으면 막강한 광고비를 투입해 돈의 날개를 달아줘야 비행기가 간신히 날아오릅니다. 그마저도 광고비가 끊기면 가라앉고요.

반면에 내 회사만의 킬러 콘텐츠(Killer Contents, 미디어 시장에 큰 영향을 미치는 핵심 콘텐츠)가 있으면 한 번 고객이 두 번 찾고, 고객이 새로운 고객을 데려오면서 최소의 돈으로도 사업이 날아오릅니다. 잘 되는 식당이 그 가게만의 핵심 메뉴가 있고, 이 핵심 메뉴를 다시 먹기 위해 단골이 지인과 함께 방문하는 것처럼 말입니다.

기관에서도 창업 이후 계속해서 상품을 팔 수 있게끔 마케팅 자생력을 갖추는 걸 도와줘야 하는데, 이에 관한 교육은 미흡하고 즉각적인 매출과 연결되는 단순 노출 광고비에 관한 의존도가 높았습니다.

비유하자면 물고기를 잡는 방법을 가르쳐줘야 하는데 물고기를 대신 잡아준 것입니다. 만약 나라에서 지원 업체에 꾸준히 광고비를 지원해준다면 모르겠지만, 현실적으로 이런 종류의 나라 사업은 기간 한정으로 진행됩니다. 짧게는 3~6개월 길게는 1년 정도로 마무리됩니다. 지원 기간이 끝나는 순간 매출은 결국 원점으로 돌아갑니다. 당연히 기관에서도 이 사실을 알기 때문에 최근에는 창업자가 자생할 수 있는 마케팅 교육을 늘려나가는 추세입니다.

이제는 단순 노출 광고만으로는 큰 효과를 볼 수 없습니다. 하지만 아직도 많은 사람이 검색엔진에 내 제품을 노출하고, 광고 도달률을 높이면 사업을 하늘 위로 띄울 수 있다고 생각합니다.

비행기가 날기 위해서는 강력한 엔진과 항공역학적으로 설계된 날개가 필요합니다. 차별화된 아이템이라는 제트 엔진으로 활주로를 달려서 발생하는 추력이 올바른 마케팅이라는 날개를 통해 양력으로 전환될 때 무거운 철 덩어리가 중력의 족쇄에서 벗어나 테이크 오프에 성공하는 것입니다.

마케팅의 성공에는 비즈니스가 날아오르지 못하게 막는 중력(방해요소)을 돌파할 강력한 엔진(차별화된 아이템)이 필요합니다. 아이템 자체가 경쟁사와 본질적인 차별화를 이룬 상태라면 알맞은 채널에 적절한 마케팅 활동을 개시하는 것만으로도 매출이 높이 뛰는 걸 경험할 수 있을 것입니다.

중소벤처기업부(https://www.mss.go.kr)

중소벤처24(https://www.smes.go.kr)

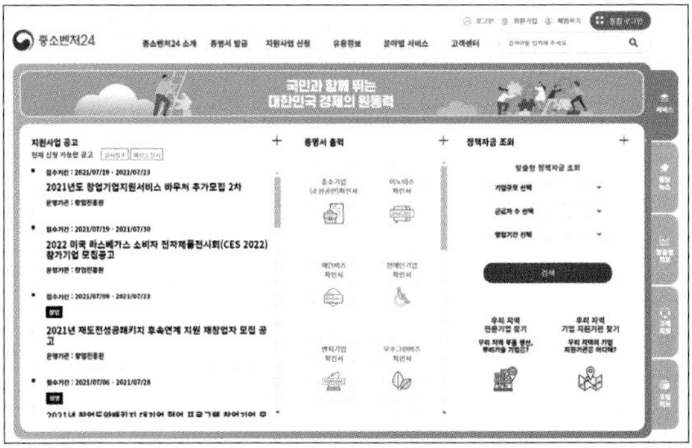


서울지방중소벤처기업청(https://www.mss.go.kr/site/seoul/main.do)

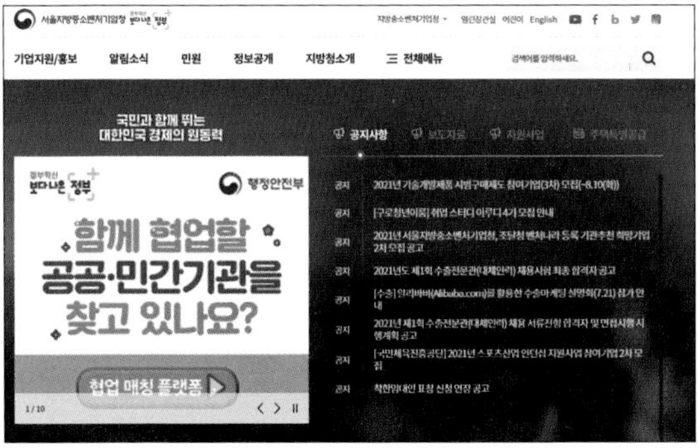

k-startup 창업지원포털(https://www.k-startup.go.kr)

창업진흥원(https://www.kised.or.kr)

중소기업지원센터(https://www.bizinfo.go.kr)

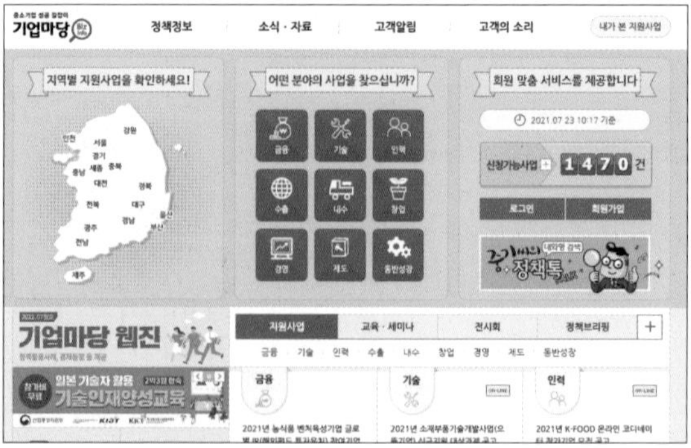

중소기업연구원(https://www.kosbi.re.kr)

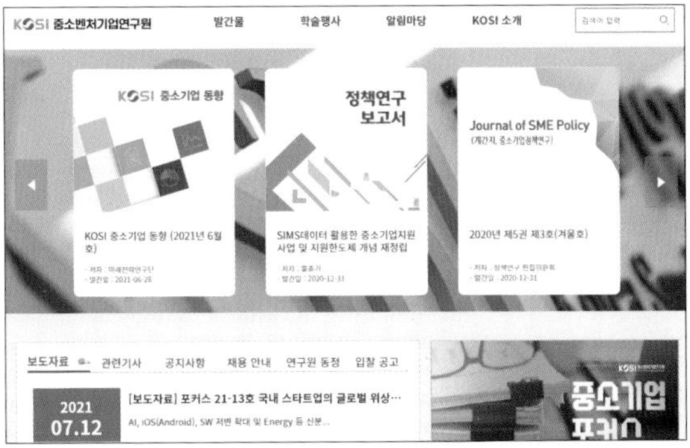


대한상공회의소(http://www.korcham.net)

대한상공회의소 기업지원포털(http://allthatbiz.korcham.net)

중소기업복지플랫폼(https://welfare.korcham.net)

소상공인시장진흥공단(https://www.semas.or.kr)

소상공인마당 자영업지원포털(https://www.sbiz.or.kr)

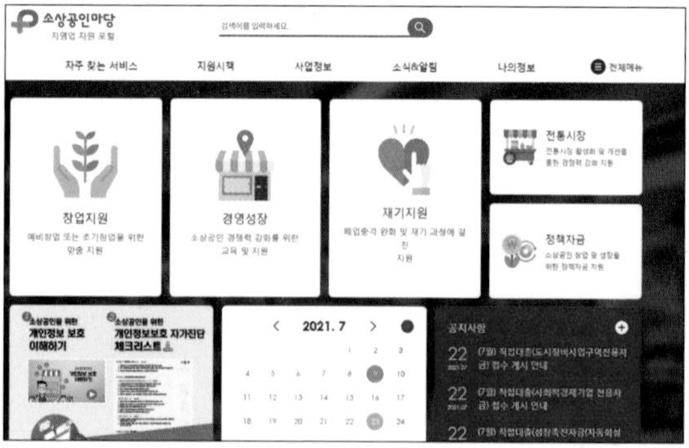

02

# 공들인 마케팅이 잘 정착하지 못하고 추락하는 결정적인 까닭

앞서 사업은 비행기의 이륙Take Off과 비슷하다고 말씀드렸습니다. 어린 시절, 저는 무거운 철 덩어리인 비행기가 대체 어떻게 하늘을 나는 건지 정말 궁금했습니다. 알아보니 제트엔진으로 얻은 추력을 날개를

항공기에 작용하는 4가지 힘

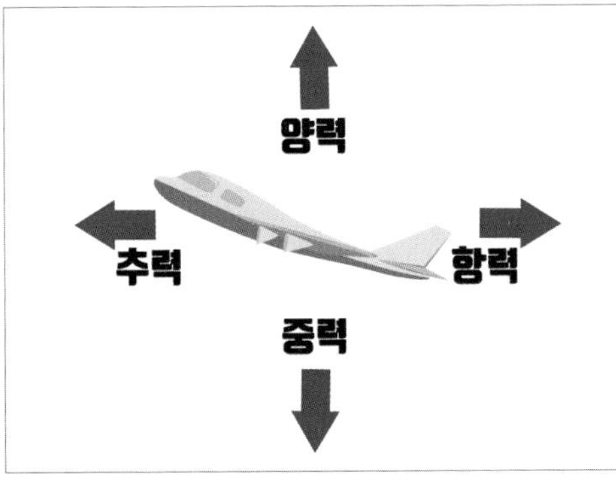

통해 양력으로 전환해서 나는 것이었습니다. 따라서 비행기가 테이크오프에 실패한다면 엔진 혹은 날개에 문제가 있다는 이야기가 됩니다.

이를 마케팅에 대입해 본다면 엔진은 사업 아이템 기획 및 비즈니스 시스템, 날개는 마케팅 콘텐츠와 채널에 해당합니다. 간단하게 말해서 내 사업체가 성공적으로 이륙하기 위해서는 매력적인 아이템과 이 매력을 널리 알릴 콘텐츠를 타깃 고객이 모인 채널에 노출시키면 됩니다.

가끔 광고주와 미팅하면 마케팅을 하는데도 불구하고 매출이 늘지 않는다며 온라인 마케팅 자체에 회의감을 드러내는 분도 있습니다. 아무런 이유도 없이 효과가 없는 경우는 없습니다. 모든 효과 없는 마케팅은 자세하게 분석해보면 다 이유가 있습니다. 맞습니다. 엔진 혹은 날개에 문제가 있다면 마케팅은 성과를 못 보고 추락할 수밖에 없습니다. 내 사업에 관심을 보일 고객이 적은 채널에 광고를 송출하거나, 콘텐츠에 문제가 있거나, 아이템에 문제가 있는 경우가 태반이죠. 아이러니한 것은 많은 사장님이 날개(마케팅)에 관한 문제는 빠르게 알아차리는데, 엔진(사업 아이템)에 관한 것은 간과하는 경우가 많습니다.

예를 들어 '이 기술은 우리 회사 제품에만 있다'라고 말씀하시지만 다른 회사 제품을 조사해본 결과, 모든 경쟁사 제품이 같은 기술을 갖춘 경우가 있었습니다. 이처럼 내 제품에 대해서는 훤히 아는데 경쟁사 분석은 어려워하는 대표님이 많이 계십니다.

안타까운 일이지만 자사의 경쟁력은 나 혼자 잘한다고 향상되지 않습니다. 경쟁사와의 비교를 통해 정해집니다. 절대평가가 아닌 상대평가인 것이죠. 그래서 컨설팅을 해드릴 때는 자사 제품과 더불어 경쟁사의 분석까지 함께 진행하고 있습니다.

광고대행사가 노출만 잘하면 그만이지, 왜 우리 회사 제품에 감 놓아라 배 놓아라 참견하냐며 싫어하는 광고주도 계십니다. 그런데 인하우스 마케터만 하더라도 단순히 온라인 계정 운영과 광고 관리만 하지 않습니다. 시장과 소비자를 분석해 어떤 신제품을 출시해야 시장의 환영을 받을지 의견을 냅니다. 본래 마케터란 상품 기획 단계에서부터 제조 단계 및 홍보에 이르기까지 적극적으로 개입하여 진행을 돕는 직업입니다.

미팅하다 보면 간혹 제가 아닌 누가 봐도 매력적이지 않은 아이템이 있습니다. 광고주도 물론 제품이 완전치 못한 점을 잘 알지만, 회사 사정상 당장 이걸 팔아야 현금이 유입되니 재량껏 단점은 숨기고 장점만을 부각하여 광고해달라고 요청합니다.

그러나 요즘처럼 모든 것이 공개되는 세상에서는 아무리 기업이 단점을 숨기려고 해도 결국에는 부메랑처럼 돌아오게 되어있습니다. 모두를 일시적으로 속일 수는 있지만, 영원히 속일 수는 없습니다. 어차피 드러날 것을 숨기고 과장 광고를 하는 것은 빈약한 엔진에 화려한 날개를 붙이는 것과 같습니다. 일순간 지면을 박차고 공중으로 떠오를 수는 있지만, 안정적인 궤도에 진입하지 못하고 추락하고야 맙니다.

스마트폰이 생기고 모든 이들이 인터넷으로 연결되면서 소비자들은 날이 갈수록 현명해지고 있습니다. 최저가 검색이 생기면서 옛날처럼 가격을 속이지 못합니다. 오픈마켓, 블로그, 유튜브에 먼저 사용해본 체험 후기가 공유되는 세상입니다. 대기업조차 제품의 단점을 숨기려고 해도 머지않아 만천하에 공개됩니다.

이런 트렌드는 앞으로 더욱더 가속화될 것입니다. 결코 예전으로 돌아갈 일은 없겠지요. 광고비를 써서 온라인으로 노출한다고 제품이 무조건 팔리는 시대는 끝났습니다. 사람들이 많이 검색하는 키워드에 블로그 상위노출을 띄운다고, SNS와 유튜브로 10만 조회 수를 확보한다고 모든 문제가 해결되지 않습니다. 마케팅 이전에 자신 아이템의 경쟁력을 의심해봐야 합니다. 갈수록 가성비 좋은 제품이 시장을 독점할 것이고, 가격과 스펙으로 이길 수 없다면 시장에 파문을 일으킬 아이디어 제품을 개발해야 합니다.

판매의 본질은 시장에서 경쟁자를 제치고 소비자에게 선택받는 것을 뜻합니다. 그러므로 내가 진출하려는 시장의 전반적인 생태계를 모르면 히트 상품을 만들 수 없습니다. 그런데 자사의 아이템에 몰입한 나머지 경쟁사와 시장 점검을 간과하는 사장님이 많습니다.

네이버에 내가 팔려는 제품의 대표 카테고리 키워드만 검색해도 어떤 제품들이 있는지, 각 제품의 상품평은 어떤지, 사용 후기는 어떤지 모든 정보를 열람할 수 있습니다. 내 제품이 독보적이라고 생각했는데 정작 검색해보니 비슷한 카피 제품이 있거나, 간혹 비슷한 가격대에 성능이 앞서나가는 제품이 있기도 합니다.

이처럼 검색을 통해 시장의 전체적인 양상을 파악하고, 매출이 추락하는 이유가 엔진에 있는지 날개에 있는지 판단할 수 있어야 합니다. 측정을 못 하면 개선안을 못 찾고, 개선안을 못 찾으면 나아갈 방향을 정할 수 없습니다. 어떻게 해야 할지를 몰라서 결국 대행사를 바꿔가며 단순 노출을 반복하나 비용만 나가고 문제는 풀리지 않는 악순환에 빠지게 됩니다.

혹시 지금까지 성과 없는 마케팅을 반복하였다면 검색엔진에 대표 키워드를 검색해서 모든 상품평과 후기부터 꼼꼼하게 살펴보시길 바랍니다. 상품평, 후기만 정독해도 소비자들이 무엇을 위해 돈을 내는지, 어떤 점에 만족하고 무엇이 불만인지, 경쟁사는 무엇을 팔며 어떻게 마케팅 활동을 하는지 모든 정보를 얻을 수 있습니다.

계속해서 정보 수집을 하다 보면 내 제품이 시장이 요구하는 수준을 만족하는지, 아니면 더 연구개발이 필요한지 알 수 있을 것입니다. 만약에 엔진(제품)은 충분히 합격점이라면 비상하기 위한 날개(마케팅)만 부착하면 됩니다. 그러나 엔진부터가 불합격이라면 제대로 된 사업 아이템 제작에 회사의 총력을 쏟아부어야 합니다.

03

# 2,000번이 넘는 컨설팅과 수많은 광고 진행을 통해 알게 된 성공방정식

코로나 19 확산 이전에는 매달 세미나를 개최해서 많은 사장님에게 계속해서 변하는 마케팅 트렌드를 알려드렸습니다. 내 사업에 적합한 마케팅을 고민하는 사장님들을 위해 약 1~2시간에 걸쳐 개별 면담을 해드리는 1:1 컨설팅은 지금도 꾸준히 진행하고 있습니다. 총 몇 번을 했는지 정확히 센 적은 없지만 한 달에 못해도 외부출강을 3~4회, 개인 컨설팅을 20회, 월평균 20~30번은 하는 셈입니다. 12를 곱하면 연간 360회이며, 2015년부터 컨설팅을 꾸준히 해왔으니 최소 2,160번은 되겠지요.

컨설팅 중 다양한 분야의 사장님들과 상담하면서 여러 아이템의 시장 환경과 생태계를 알게 되었습니다. 또한 대기업 마케팅 담당자, 중소기업 대표, 소상공인 사장님에 이르기까지 이들 각자가 처한 다양한 입장에 대해서도 알게 되었습니다. 제 3자의 객관적인 시각에서 수많은 비즈니스의 흥망성쇠를 간접 체험하니 어떻게 하면 사업이 성공하고, 어떻게 하면 실패하는지에 관한 데이터가 쌓이기 시작했습니다. 마치 알파고가 바둑 기보를 딥러닝Deep Learning 하듯이 말입니다. 2,000번의 컨설팅 끝에 제가 내린 결론은 크게 5가지입니다.

결론 ① 큰 성공은 아이템(엔진)과 노출(날개)이 잘 맞물릴 때 일어난다.

결론 ② 아이템(엔진)만 좋고 노출(날개)이 안 되면 성공은 시기상조다.

결론 ③ 아이템(엔진)은 별로인데 노출(날개)은 잘 되면 일시적인 성공은 가능하다.

결론 ④ 아이템(엔진)과 노출(날개) 둘 다 안 좋으면 천운이 따르지 않는 이상 절대 성공할 수 없다.

결론 ⑤ 테이크 오프에 성공해도 안주하면 안 되며, 계속해서 새로운 테이크 오프에 도전해야 한다.

먼저 결론 ①, ②입니다. 제가 봐온 잘 된 기업의 공통점은 차별화된 엔진을 장착하고 있었다는 점입니다. 이미 잘 나가는 회사는 제품과 마케팅을 완비했고, 제품은 좋으나 아직 마케팅이 안 된 회사도 알맞은 날개만 붙여주면 매출 그래프가 날아올랐습니다. 예를 들어 차별화된 맛집은 체험단 마케팅을 진행하고, 차별성 있는 뷰티 제품은 인스타그램 마케팅을, 나만의 1인 콘셉트가 명확히 있다면 유튜브를 시작하는 것입니다. 사실 많은 사람이 마케팅이라고 하면 온라인 마케팅부터 떠

올리지만, 오프라인 입소문 효과도 결코 무시할 수 없습니다. 좋은 제품은 알게 모르게 입소문이 퍼지면서 고정 팬층이 생겨나기 때문입니다.

좋은 제품은 지금 당장 노출이 안 되더라도 성공이 시기상조라고 말한 것이 이 때문입니다. 회사가 노출에 힘쓰지 않아도 팬들이 블로그, SNS, 유튜브에 콘텐츠를 올리면서 언젠가는 스포트라이트를 받는 시기가 옵니다.

결론 ③을 보겠습니다. 처음부터 엔진이 좋지 않으면 어떨까요? 예상하셨다시피 추력이 너무 약해서 대부분 끝까지 이륙을 못 하고 도중에 추락했습니다. 그런데 예외도 있었습니다. 엔진이 빈약해도 날개에 엄청난 공을 들이면 일시적이나마 비행을 하더군요. 말 그대로 무지막지한 광고비를 투입해서 비행기를 강제로 띄워 올린 것입니다. 물론 이렇게 팔아도 곧 부정적인 상품평이 생기기에 비행을 길게 지속할 수는 없었습니다.

물론 특별한 사례도 있었습니다. 결론 ④입니다. 엔진, 날개 둘 다 빈약한데 천운을 만나며 일시적으로 비행에 성공한 것입니다. 예를 들어 다른 회사 제품과 차별점이 아무것도 없는 일회용 마스크인데 우연히 코로나 19 사태로 인해 마스크 수요가 급증해 매진되었습니다. 그러나 이런 경우는 어디까지나 행운의 영역입니다. 기업이 의도적으로 코로나 사태를 재현할 순 없기에 행운에 의지하려는 어리석은 행동을 해서는 안 될 것입니다.

따라서 이럴 때 시도할 수 있는 것은 엔진을 바꾸거나, 혹은 엔진이 조금 낡았더라도 돈의 힘을 이용해서 황금 날개를 달아주는 2가지 방법입니다. 광고비 예산이 많은 대기업이라면 돈의 날개를 붙이는 것도 괜찮은 방법이지만, 예산이 부족한 작은 회사라면 엔진을 강화하는 것이 제일입니다.

성공한 기업의 또 다른 특징인 ⑤를 보겠습니다. 단발성이 아닌 꾸준한 성공을 이어가는 회사는 한 번의 대박에 안주하지 않고 새로운 테이크 오프를 준비합니다. 아시다시피 히트 상품 하나를 만들어내도 영원히 팔 수는 없습니다. 스마트폰만 봐도 매년 새로운 모델이 나오니까요. 성공한 기업은 한 번의 성공에 안주하지 않고 벌어들인 돈을 연구개발에 투자해서 더 좋은 제품을 만드는 선순환을 거듭했습니다.

제가 봐온 사업을 잘 운영하시는 사장님들이 공통으로 하시는 말씀이 있습니다. '이 제품, 서비스가 언제까지나 잘 팔릴 거라 기대하지 않는다'라고 말이죠. 매출이 오르는 순간에도 평생은 없다는 경각심을 갖고 다음 업데이트를 준비하고 있었습니다. 시장과 트렌드는 계속해서 변합니다. 지금 당장은 제품이 잘 팔려도 제 경험상 6개월만 지나면 여기저기서 내 제품을 모방한 제품이 만들어집니다. 그러므로 뒤쫓아오는 경쟁자를 따돌릴만한 신제품을 늘 준비해야 합니다.

04

# 소상공인이 대기업의 마케팅 방법을 따르면 안 되는 진짜 이유

차별화된 엔진이 있더라도 내 비행기에 적합한 날개를 달지 않으면 추력(회전축과 회전체의 축 방향에 작용하는 외력)을 양력(유체 속을 운동하는 물체에 운동 방향과 수직 방향으로 작용하는 힘)으로 바꾸지 못합니다. 내 비행기에 어울리지 않는 날개를 강제로 붙이려고 하는 것도 마케팅에 실패하는 주된 이유 중 하나입니다.

그렇다면 왜 맞지도 않는 날개를 고집하는 걸까요? 이미 성공한 기업을 '벤치마킹' 하기 때문입니다. 물론 성공사례를 참고해 흉내 내는 것이 나쁜 건 아닙니다. 다만 '뱁새가 황새 따라 가다 가랑이가 찢어진다'라는 속담이 있는 것처럼, 따라 해도 될 것과 따라 해서는 안 될 것을 잘 구분해야 합니다.

일례로 요즘은 대기업도 SNS나 유튜브에 B급 광고를 자주 내보냅니다. 그걸 본 규모가 작은 회사 측에서는 이렇게 생각할 수 있습니다. '이제는 대기업도 B급 광고를 하는구나. 우리도 저런 바이럴 영상 하나 만들어서 조회수를 올려보자.' 충분히 할 법한 생각이지만, 정작 관련자료를 알아보면 B급 영상 하나 만드는 것도 쉬운 일이 아니라는 것을 알게 됩니다.

작은 회사가 대기업의 마케팅을 섣불리 따라 하면 안 되는 사례 하나를 소개하겠습니다. 막 시작한 스타트업을 컨설팅한 적이 있습니다. 한의학을 전공한 대표님이 대학원에서 연구 끝에 혁신적인 성분의 숙취해소제를 개발했습니다. 이걸 어떻게 온라인으로 팔면 좋을지 조언을 구하러 온 것입니다.

초기 창업 전략은 자사 몰과 오픈마켓에 제품을 입점하고, SNS 광고와 유튜브 광고를 할 생각이었습니다. 즉, 숙취해소제를 온라인으로 판매하겠다는 계획이었습니다. 그런데 한 번 잘 생각해보세요. 숙취해소제를 보통 어디에서 구매할까요? 여러분이라면 어떠세요? 내가 술을 언제 먹을지 모르니 이에 대비해서 미리 온라인으로 구매해 쟁여두시나요? 아니면 술을 마시고 집에 들어가기 전에 편의점에 들러서 숙취해소제를 사드시나요?

저는 후자에 속합니다. 그리고 아마 다른 분들도 대부분 후자일 거로 생각합니다. 이 점을 말씀드렸더니 대표님은 이제 막 시작한 스타트업이라서 마트, 편의점 등 유통망을 확보하기 쉽지 않았고 대기업만 봐도 온라인으로 숙취해소제를 광고하니까 본인도 똑같이 온라인으로 팔아

B급 광고 사례 1

출처: https://youtu.be/ijd_GBKqZiE

B급 광고 사례 2

출처: https://youtu.be/-F-xKn3v7kY

야겠다고 생각하셨답니다.

그렇다면 대기업은 왜 TV, SNS, 유튜브로 숙취해소제 광고를 하는 걸까요? 이미 유통망을 갖춰서 전국의 편의점, 약국, 마트, 슈퍼마켓에 숙취해소제를 입점했기 때문에 소비자의 주의를 환기하려고 광고를 송출하는 것입니다. 그러면 술에 취한 소비자는 편의점에서 광고로 본 숙취해소제가 떠오를 것이고, 광고에 나온 그 숙취해소제를 사게 될 것입니다.

즉, 숙취해소제의 본질은 온라인을 통해 B2C로 파는 게 아니라 B2B 영업을 통해 편의점, 슈퍼마켓, 마트로 유통해야 하는 아이템입니다. 이런 아이템은 고정 소비자를 확보하는 것이 무엇보다 중요한데 이는 쉽지 않습니다. 사람은 한 번 정착한 제품을 잘 바꾸지 않는 습성이 있기 때문이죠. 마치 어제 피우던 담배를 오늘도 피우고, 평소 먹던 라면을 항상 먹는 것처럼 말입니다. 편의점 냉장고에 새로운 숙취해소제가 있더라도 대부분의 고객은 자기가 언제나 먹던 숙취해소제를 삽니다.

그렇다면 과연 새로운 숙취해소제를 잘 팔 방법이 없는 걸까요? 저는 이런 아이디어를 제안했습니다. 숙취해소제를 파는 대기업이 편의점, 마트에 제품을 공급하니 아예 술집에 숙취해소제를 공급하는 건 어떻겠냐고 말이죠.

사람들은 술집에 숙취해소제가 없어서 밖으로 나가 편의점에 갑니다. 그런데 처음부터 술집에 숙취해소제가 있으면 어떨까요? 굳이 숙취해소제를 사러 편의점까지 갈 이유는 없겠죠?

숙취해소제 프랜차이즈 사업 예시

식당과 술집을 유통망으로 확보하려면 당연히 이들에게도 이점利點, 메리트이 있어야 합니다. 그래서 떠올린 아이디어가 각 식당이 원하는 디자인대로 숙취해소제를 만들어주는 것입니다. 병 안에 들어가는 음료는 다 똑같은 숙취해소제지만, 병의 모양이나 겉면에 붙이는 라벨을 모든 식당마다 다 다르게 디자인하는 것입니다. 내 가게의 상호명을 넣어서 디자인하면 홍보 수단이 될 수 있겠죠?

그리고 가게 입장에서도 새로운 수익 모델도 됩니다. 기존에는 술과 안주만을 팔았지만, 여기에 숙취해소제를 추가로 팔 수 있으니 가게 사장님 입장에서도 손해 보는 장사가 아닙니다. 똑같은 숙취해소제 아이템이지만 사업의 방향성과 형태를 바꿔서 국내 최초 숙취해소제 프랜차이즈 사업이 만들어졌습니다.

이런 형태의 비즈니스는 유명한 브랜드 숙취해소제 제품을 만들 수는 없습니다. 대신 일정 수준 이상의 거래처를 확보하면 꾸준히 매출을 올릴 수 있는 시스템입니다. 이렇게 새로운 방향성을 제시하자 사장님이 말씀하셨습니다. 본인 생각에도 기존의 대기업 숙취해소제와 정면으로 맞붙으면 승산이 높지 않을 것 같다고 말입니다. 차라리 이 방향으로 사업을 전개하면 기존에 없었던 새로운 시장을 만들 수 있겠다고 동의하셨고, 현재 사업을 준비하고 계십니다.

위의 사례를 통해 알 수 있듯이 이제 막 출발하는 스타트업, 중소기업은 대기업의 성공사례를 벤치마킹하는 것이 능사가 아닙니다. 혹시 자기계발서를 읽는데 저자가 인용하는 위인들의 사례가 마음에 와닿지 않는 경우가 있지 않으셨나요? 집안 좋고, 인물 좋고, 돈 많고, 교육 잘 받은 사람이 큰 성공을 이루는 내용은 공감하기 쉽지 않습니다. 현재 내 위치와 아득히 멀리 떨어진 금수저의 이야기를 들어도 정작 내가 이들을 따라해 비슷한 결과를 얻을 수 없기 때문입니다.

우리에게 필요한 건 우리와 비슷한 입장, 비슷한 처지에 있는 사람들의 성공사례입니다. '이 정도는 나도 충분히 실천할 수 있겠다' 싶은 롤모델이 필요한 것입니다. 아쉬운 건 시중의 마케팅 책에 나오는 사례들은 상당수 글로벌 브랜드, 글로벌 대기업 사례에 국한되어 있습니다. 규모도 크고 예산도 넉넉하니 자사의 제품을 국민 전체에게 각인시키는 브랜드 마케팅을 전개합니다. 몇십 년의 역사와 자본이 있는 기업은 슬로건과 카피 하나를 잘 만들어서 매스미디어 마케팅만 하더라도 시장에 파문을 일으킬 수 있습니다.

이걸 보고 중소기업이 똑같이 따라 해서 같은 결과를 얻을 수 있을까요? 서로 회사의 상황과 자원이 다르기에 똑같은 인풋투입 하더라도 같은 아웃풋결과물을 얻을 수는 없습니다. 큰 기업, 큰 브랜드와 관련된 책과 강의보다는 실제 소상공인 중심의 사례와 유튜브 영상을 찾아보는 것이 더 큰 도움이 될 것입니다.

한 번은 대형 브랜드의 마케팅 담당자가 저에게 컨설팅을 받으러 온 적이 있습니다. 대기업에서 마케팅만 5년 넘게 했기에 내 아이템도 잘 팔 수 있다는 자신감에 과감히 퇴사를 결정한 것입니다. 그런데 막상 창업하니 작은 스타트업의 마케팅은 대기업과 너무 달랐습니다. 광고 예산의 차이가 너무 커 예전처럼 큰 규모의 기획을 할 수도 없고, 일일이 외주를 줄 수도 없으며, 직원도 많이 뽑을 수 없어 섬세한 실무를 직접 다 처리해야 한다며 어려움을 토로하셨습니다.

실제로 중소기업 마케팅을 담당하다 대기업 담당자가 되든, 대기업 마케팅을 담당하다 중소기업 마케팅을 담당하든 내가 처한 환경에 알맞은 마케팅을 처음부터 배워야 합니다. 꼭 규모뿐만 아니라 의류 분야 마케팅을 담당하다 IT 분야를 담당하게 되면 당연히 다시 IT 분야의 생태계를 습득하고 배워야 하고, 음식 쪽을 담당하다, 자동차 분야를 담당해도 역시 새롭게 배워야 합니다. 저 또한 새로운 분야라면 새롭게 자료수집부터 시작하며 저보다 먼저 그 업종에 마케팅했던 주변 지인들과 소통합니다. 결국 대기업에는 대기업에 맞는 마케팅이, 중소기업에는 중소기업에 맞는 마케팅이 따로 있습니다.

05

# PSH-4D 엔진, 아주 쉽게 차별화할 수 있는 방법

본격적인 차별화를 말씀드리기에 앞서 한 가지 고정관념부터 깰 필요가 있습니다. '차별화'라고 하면 무엇이 떠오르시나요? 제가 강의할 때 이 질문을 많이 던졌는데 많은 분이 굉장히 어려운 일로 여기고 있었습니다. '차별화'라고 하면 스티브 잡스가 말하는 혁신을 연상하기 때문입니다. 나도 뭔가 아이폰처럼 시장을 뒤흔드는 새로운 창조물을 만들어야 할 것 같은 중압감이 드는 것이죠. 그러나 차별화된 엔진을 만드는 것이 꼭 혁신일 필요는 없습니다. 앞서 예로 든 숙취해소제처럼 그저 조금만 다르면 됩니다.

'조금만 다르면 된다'라는 말의 의미가 또 어렵게 느껴질 수 있습니다. 알기 쉽게 비유하자면 그림과 같습니다. 세상에는 무수히 많은 명화가 있는데요. 의외로 대중들로부터 가장 평가가 좋은 작품은 우리에게 익숙하면서 살짝 비튼 느낌의 작품이라고 합니다.

너무 혁신적인 그림은 작가가 대체 뭘 표현하려고 한 것인지 진의를 파악하기 어렵습니다. 80퍼센트의 익숙함에 20퍼센트의 신선함을 느낄 수 있는 그림이 딱 적당하다는 말이죠. 고흐처럼 살아생전에는 큰 주목을 받지 못했던 예술가도 있고 말이죠. 비즈니스도 이와 닮은 구석이 있습니다. 시대를 지나치게 앞서간 혁신 제품이 결국 시장을 형성하지 못하고 사라졌다가 먼 훗날에서야 재평가를 받기도 합니다.

결론은 차별화가 중요하긴 하지만 창의력과 혁신에 지나치게 집착할 필요는 없습니다. 자칫 잘못하면 차별화를 위한 차별화에 빠져들 수 있고, 시대를 앞서간 제품이 되어 안 팔릴 가능성도 있기에 전무후무한 발명품보다는 사람들이 받아들일 수 있는 범위에서 변형을 하는 편이 승산이 높습니다. 이를 간단하게 할 수 있는 방법론이 바로 앞으로 소개해드릴 'PSH-4D 엔진'입니다.

PSH-4D는 제품Product, 서비스Service, 사람Human이라는 3가지 변수에 4개의 다른 점Difference를 합친 말입니다. 잇따른 마케팅 대행과 컨설팅을 통해 매출이 올라가는 기업의 공통점을 연구하다 보니 이들이 제품을 다르게 하거나, 서비스를 다르게 하거나, 제품과 서비스를 전달하는 사람을 다르게 해야 성공할 수 있다는 것을 알게 됐습니다.

그렇다면 어떻게 다르게 하는 걸까? 깊이 파고든 결과 무언가를 더하거나(+), 무언가를 빼거나(-), 무언가를 결합하거나(×), 무언가를 나누어보는(÷) 4가지 방식이 있다는 걸 깨달았습니다.

PSH-4D 엔진 설계도

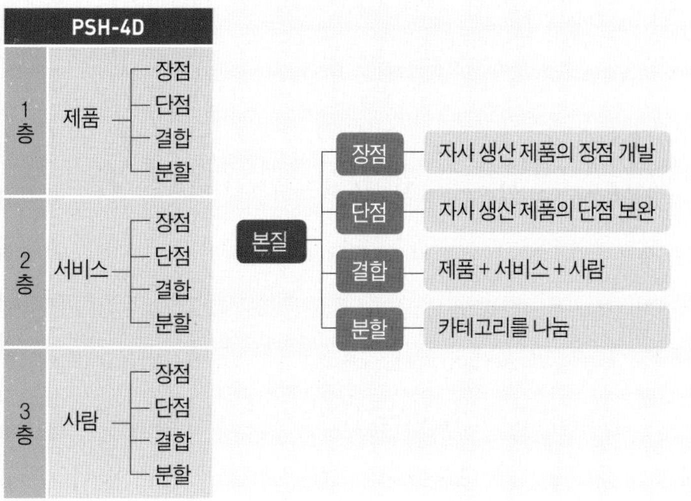


따라서 제품, 서비스, 사람이라는 비즈니스를 구성하는 핵심 3요소를 더해보고, 빼보며, 결합해보고, 분할해보는 연습을 하면 비교적 쉽게 차별화의 실마리를 얻을 수 있다는 결론을 내렸습니다.

이 PSH-4D 엔진은 실제 제가 컨설팅하거나 광고주와 미팅할 때 항상 애용하는 프레임워크입니다. 제품, 서비스, 사람에 각각 사칙연산을 적용하면 총 12가지 경우의 수가 나옵니다. 이 12개의 표를 같이 채워보면서 어떻게 차별화된 엔진을 만들 것인지 같이 고민하고, 아이디어를 떠올립니다.

대학교에서 배우는 경영학, 마케팅 교과서에 나오는 차별화보다 직관적이고 간단하게 차별화 포인트를 찾아낼 수 있습니다. 모든 대표님,

마케터, 기획자에게 도움이 되는 공식이라고 나름 자신합니다. 실제 컨설팅에 적용해보면서 마케팅 초보도 12개의 칸을 채우면서 이건 써볼 수 있겠다 싶은 아이디어를 최소 4~5가지는 얻어서 실무에 적용할 수 있었습니다.

발명가들의 이야기를 들어보면 발명품 하나가 나오기 전까지 무수히 많은 아이디어가 생산되고, 버려진다고 합니다. PSD-4D를 이용하면 최소 12가지 아이디어를 얻을 수 있지만, 꼭 12가지에 한정할 필요는 없습니다. 각 영역당 최대한 많은 아이디어를 내보시길 추천합니다. 그리고 12가지 이상의 아이디어 중에서 최종적인 하나를 결정할 필요도 없습니다. 실천 가능한 아이디어는 전부 남겨놓고 실험을 거듭하면서 가장 괜찮은 아이디어를 찾을 수도 있고, 여러 개의 아이디어를 적용해도 되며, 조합해서 새로운 아이디어를 실천해봐도 좋습니다.

차별화가 중요하긴 하지만 창의력과 혁신에 지나치게 집착할 필요는 없습니다. 자칫 잘못하면 차별화를 위한 차별화에 빠져들 수 있고, 시대를 앞서간 제품이 되어 안 팔릴 가능성도 있기에 전무후무한 발명품보다는 사람들이 받아들일 수 있는 범위에서 변형을 하는 편이 승산이 높습니다. 이를 간단하게 할 수 있는 방법론이 바로 'PSH-4D 엔진'입니다.

# TAKE OFF

# PART 2

# 진정한 제품의 차별화를 위한 4가지 방법

CHAPTER 1

# 제품의 장점(+)과 단점(-)을 분석하라

01

# 독보적인 장점을 찾아내어 널리 퍼뜨려라

제품Product, 서비스Service, 사람Human 중에서 제품부터 보도록 하겠습니다. 만약 나한테 신제품을 만들 권한과 역량이 된다면 가장 먼저 제품에 집중하는 것이 좋습니다. 경쟁사에는 없는 우리 회사만의 차별화를 만들 수 있기 때문입니다. 제품의 차별화에서 우선 생각해볼 수 있는 건 '경쟁사와 대비되는 내 제품만의 독보적인 장점을 극대화하는 것'입니다. 제가 장기간 맡은 프로젝트 중 P사의 차량용 공기청정기가 있습니다. 광고주와 미팅하면서 차량용 공기청정기 시장의 생태계와 제품의 특장점에 대해 들었고, 제품의 장점이 충분하니 이 차별화를 부각해 마케팅하면 충분히 테이크 오프가 가능할 거라고 확신했습니다.

P사 차량용 공기청정기의 장점은 ① 브랜드 ② 필터 ③ 애플리케이션 3가지가 있었습니다. 일단 제조사가 오랜 세월 생활가전 제품을 잘

만들기로 알려진 유명한 곳이었습니다. 정화능력도 필터가 커서 경쟁사에 비해 성능이 가장 우수했습니다. 업계 최초로 애플리케이션 연동도 되는 등 앞서나가는 신기능도 있었습니다.

시중에 경쟁사 제품은 10개가량 있었는데 대부분 업체가 필터를 자체 제작하지 않고 유통되고 있는 저렴한 일반 필터를 가져다 쓰고 있었습니다. 심지어 P사 제품을 어설프게 모방하여 만든 것을 쓰는 사례도 있었습니다. 차량용 공기청정기의 구매동기는 미세먼지가 심한 날 차 안에서 건강하게 호흡하고 싶다는 욕망입니다. 결국 가장 중요한 세일즈 포인트는 공기정화 능력입니다. 그리고 공기정화 능력은 필터의 스팩에 달려있습니다.

본사에서 경쟁사 제품 모두와 성능 비교 테스트를 해본 결과 가장 정화 수치가 우수했기에 마케팅도 어렵지 않았습니다. 제품의 장점을 검색포털, SNS, 유튜브에 잘 알리는 것만으로 충분한 효과를 봤습니다. 다만 브랜드와 품질이 좋은 만큼 경쟁사보다 가격이 비싸다는 단점이 있었습니다. 그래서 생각한 돌파구가 1인 운전자보다 대형차의 가족 단위 시장을 공략하자는 것이었습니다.

사람은 나 혼자만을 위한 것보다 우리 가족의 건강을 위할 때 더 구매 동기가 커지기 마련입니다. 그래서 사전에 체험단 마케팅을 진행해서 우수한 공기정화 능력을 알리는 제품 리뷰, 후기 콘텐츠를 가족 단위 위주에 맞게끔 확보했습니다. 그다음 미세먼지 시즌을 노려서 SNS에 바이럴 영상 광고를 진행했습니다.

광고 타깃을 카니발, 스타렉스, SUV, 캠핑카 등 가족이 함께 타는 중형차, 대형차 차주로 맞춰서 '미세먼지가 심한 요즘! 가족과 아이들을 생각해 차에도 공기청정기 한 대 놓자!'라는 캠페인 영상을 꾸준히 내보내자 마케팅을 하기 이전과 비교하면 판매량이 10배 이상 늘어났습니다. 거기에 미세먼지 농도가 극에 달해 계속해서 방송에 관련 뉴스가 나가자 최고 20배를 찍었습니다.

제품 자체가 좋으니 할 수 있는 마케팅이 참 다양했습니다. 어느 날은 운전하는 제 앞에 어린이집 노란색 버스가 지나갔습니다. 그걸 보는 순간 한 가지 아이디어가 번개처럼 머리를 스쳐 지나갔습니다. 저희의 타깃인 가장들이 차량용 공기청정기를 사는 가장 큰 이유는 아이들의 건강 때문입니다. 그 아이들이 가장 많은 곳은 다름 아닌 어린이집과 유치원 버스입니다.

'아이들이 등·하교하는 어린이집, 유치원 버스에 P사의 제품을 후원하는 캠페인을 벌이면 어떨까?'

사무실에 도착하자마자 기획안을 작성해 광고주에게 전했고, 정말 좋은 아이디어라며 얼마든지 제품을 협찬하겠다는 답을 들었습니다. 어린이집연합회와 연계해 전국 각지의 어린이집에 제품을 무료로 지원했습니다. 이 과정을 영상으로 제작해서 홍보 캠페인을 시작했습니다. 그리고 제품을 협찬한 버스에는 P사의 문구가 부착되어 브랜드 노출이 되었습니다.

"P사와 함께 하는 깨끗한 공기, 등·하원 캠페인"

어린이집과 연계한 마케팅 캠페인 사례

차량에 부착한 마케팅 홍보용 스티커

SNS와 맘카페에 이런 행사 캠페인에 관해 알리기 시작하자 사람들이 알아서 입소문을 내주기 시작했습니다. 어머니들의 관심도가 높아지자 2019년에는 강남구에서 어린이집 차량 여러 대에 차량용 공기청

정기를 설치하겠다며 대량구매 계약이 이루어지는 쾌거를 이루기도 했습니다.

이처럼 테이크 오프의 연쇄가 이어질 수 있었던 이유는 마케팅의 힘도 있지만, 무엇보다 경쟁사 제품과 비교할 때 우수한 공기정화 능력과 브랜드 파워 덕분입니다. 제품의 장점이 확실하니 다양한 각도에서 이를 부각할 마케팅 활동을 기획하고 실천할 수 있었던 것이죠.

결국 P사 차량용 공기청정기는 소비자시민모임에서 베스트 제품으로 선정되는 쾌거를 달성했고, 이런 소식들이 뉴스 기사로 나오면서 꾸준히 마케팅 활동을 이어나가고 있습니다.

## 제품의 장점 테이크 오프 트레이닝

만약에 나한테 제품을 변형할 주도권이 있다면 어떻게 제품의 장점을 극대화할 수 있는지 생각해봅시다.

1 내 제품의 특장점은 어떤 것들이 있을까요?

2 내 제품이 경쟁사보다 차별화된 장점은 무엇이 있을까요?

3 내 제품이 공신력 있는 기관으로부터 인증받은 제품 특허가 있을까요?

4 고객은 내 제품의 어떤 특장점을 좋아할까요?

5 좀 더 고객의 마음에 들기 위해 기능, 성분, 색상, 사이즈 등을 바꿔볼 수는 없을까요?

02

# 제품의 단점을 뒤집어 반전매력을 발산하라

'장점을 극대화하는 것' 이것이 제품의 차별화를 위한 가장 빠르고 확실한 길입니다. 그런데 아이템에 따라서 제품의 장점을 활용할 수 없을 때가 있습니다. 그럴 때는 역발상으로 제품 자체가 아니라 제품을 둘러싼 소비자와 시장의 인식을 파고들어 테이크 오프의 단서를 잡을 수 있습니다. 어떤 제품이든 해당 카테고리에 관한 대중의 생각이 있습니다. 다양한 생각 중에는 '이 제품군은 이런 점이 별로야'라는 고정관념 및 편견 역시 존재합니다. 해당 제품군의 공통된 약점이라고 할 수 있겠죠. 역설적으로 이 취약점을 극복해낸다면 그것은 강력한 구매 포인트가 됩니다.

이처럼 제품의 단점은 내 아이템 카테고리의 '마이너스 요소'를 뒤집어 반전 매력을 보여주는 차별화 전략입니다. 제품의 단점을 마케팅에

제품의 단점을 뒤집은 K 레스토랑

(출처: https://post.naver.com/viewer/postView.nhn?volumeNo=11733482&memberNo=7789595&vType=VERTICAL)

적용했던 K 레스토랑 사례가 있습니다. 이 식당의 시그니처 메뉴는 화덕피자와 수제 파스타였습니다. 다들 아시다시피 피자와 스파게티는 배달해서 먹는 정크푸드 이미지가 강합니다. 정식적인 이탈리아 레스토랑에서 먹을 수 있는 파스타에도 자극적인 착향료와 인공색소가 들어갑니다. 또한 보존 기간이 긴 건면을 많이 사용하고요.

하지만 K 레스토랑 사장님은 직접 뽑아내는 생면을 사용합니다. 면 이외의 재료도 유기농 채소만을 사용해서 파스타와 피자를 만듭니다. 유기농 식재료를 공수하기 위해 아예 농장을 운영하고 계셨죠. 합성조미료를 배제하고 천연재료를 배합해서 다양한 색상의 생면을 만들었습니다. 예를 들어 초록색 면은 피망을 쓰고, 빨간색 면은 고추와 비트를 쓰며, 검은색 면은 오징어 먹물을 써서 말이죠.

피자, 파스타라는 카테고리의 마이너스 요소를 빼서 천연재료, 유기농 채소, 생면으로 차별화하자 동네 상권을 넘어서 먼 지역에서까지 손님들이 건강한 파스타를 먹으려고 방문했습니다. 특히 생면으로 만든 파스타는 건면으로 만든 파스타에 비해 소화가 잘 되는 편이어서 자식분들이 부모님을 모시고 오는 경우가 많았습니다.

제품의 단점을 빼고 차별화된 엔진을 만들었으니 올바른 날개만 붙여주자 바로 테이크 오프에 성공했습니다. 복잡한 마케팅 설계도 필요없이 체험단을 꾸준히 모집하여 지역 맛집 키워드에 K 레스토랑의 건강한 맛을 알렸습니다. 거기에 더해 음식의 맛있는 비주얼을 담은 바이럴 영상으로 SNS 광고를 진행했습니다. 이때 영상을 보고 예약한 분에게는 샐러드 쿠폰을 무료로 지급하는 이벤트를 열었습니다. SNS를 통해 매장에 방문한 손님들은 샐러드 외에도 다른 메뉴를 주문했습니다. 마케팅 대행을 시작하고 얼마 지나지 않아 레스토랑 오픈 이래 역대 최대 매출을 올렸다고 감사의 전화를 받았습니다.

참고로 K 레스토랑은 정규방송에 3번 출연했는데요. 놀랍게도 단 한 번도 돈을 낸 적이 없습니다. 아시다시피 보통 맛집이 TV 방송에 나가려면 몇백만 원에서 몇천만 원 정도의 돈을 내야 한다고 합니다. 그런데 기존 피자, 파스타의 단점을 보완한 차별화된 메뉴가 입소문을 타다 보니 반대로 방송사에서 취재하게 해달라고 요청한 것입니다.

방송 PD들은 매일 매일 이슈가 될 특이한 뉴스 소재를 찾아다닙니다.

쉬지 않고 날마다 나갈 방송을 제작해야 하니 항상 취잿거리, 이슈 거리에 목말라합니다. 음식점 자체에 차별화가 있고, 이색적이고, 독특한 점이 있다면 어떻게든 먼저 자신의 방송 프로그램에 선보이고자 합니다.

K 레스토랑 사장님은 기존 이탈리아 음식의 틀을 깨는 혁명적인 메뉴를 만들지 않았습니다. 어디에서나 먹을 수 있는 피자와 파스타를 업계의 단점을 보완해 조금 다르게 선보인 것뿐이죠. 업계에서 지적하는 부분이 어떻게 보면 큰 수익을 만들어주는 기회가 될 수 있습니다. 그 부분만 파고들어도 차별화된 엔진으로서 충분합니다. 나머지는 그 사실을 온라인에 알리기만 하면 되는 것입니다. 그리고 차별화 전략은 꼭 한 가지 아이디어만 쓸 필요는 없습니다. K 레스토랑은 제품의 단점과 더불어 제품의 장점 또한 도입했습니다. 평범한 노란색 면이 아닌 검정, 빨강, 초록색 등 형형색색의 생면을 사용합니다. 인공색소가 아닌 천연재료를 이용합니다.

앞서 말했듯, 검정 면은 오징어 먹물을 사용하고, 빨간색 면은 고추와 비트를 사용하며 초록색 면은 파프리카를 사용해서 먹는 즐거움에 보는 즐거움을 더했습니다. 이렇게 차별화된 엔진을 2개를 장착했기에 노출만 늘려도 매출이 증가했습니다. 추후 마케팅 교육을 요청하셔서 직원이 업무를 원활하게 할 수 있도록 도움을 드렸고 매장 내에서 직원 한 명이 지수 높은 블로거를 꾸준히 섭외해서 직접 체험단 모집을 하자 지역 맛집 키워드에 후기 포스팅이 점점 늘어나 노출되기 시작 시작했고, 2018년 연말 개점 이래 역대 최고 매출을 낼 수 있었습니다.

## 제품의 단점 테이크 오프 트레이닝

그럼 지금부터는 내 제품을 둘러싼 업계의 공통된 인식을 파악해서 마이너스 요소를 빼버리고, 극복할 방법은 없는지 찾아봅시다.

1 내 제품을 분석했을 때 고쳐야 할 단점은 무엇이 있을까요?

2 경쟁사와 비교했을 때 자사 제품의 경쟁력이 약한 부분이 있을까요?

3 내 제품군에 대해 소비자들이 겪는 공통된 애로사항은 무엇이 있을까요?

4 업계에 오래된 관행 중에 개선되면 소비자에게 좋은 점은 무엇이 있을까요?

5 제품의 단점을 보완해서 장점으로 바꿀 방법은 무엇이 있을까요?

CHAPTER 2

# 제품을 결합(×)하여 마케팅 포인트를 파악하라

01

# 일단 제품과 다른 제품을 결합해보라(제품×제품)

장점을 극대화하거나, 업계의 단점을 보완하는 것도 안 된다면 이미 있는 자사의 제품에 다른 제품, 서비스, 사람을 결합하는 걸 생각해볼 수 있습니다. 어떻게 보자면 앞서 살펴본 P사 차량용 공기청정기는 제품의 장점을 살림과 동시에 제품의 결합에 속하기도 합니다. 제품과 연동되는 애플리케이션을 개발했으니 제품과 제품(애플리케이션)을 결합했다고 볼 수 있겠죠? 지금부터 제품의 결합에 관한 여러 사례를 살펴보겠습니다.

### 사례1 매출 상승 성공 박스

CEO와 세일즈맨을 대상으로 영업과 마케팅을 교육하는 B사의 사례입니다. 평소 대표 강사의 저서와 세미나를 통해 잠재고객을 모집했는데요. 대표님께서 회사에 활력을 불어넣을 신선한 이벤트를 원하는 상황이었습니다. 그래서 미팅을 거쳐 '매출 상승 성공 박스' 이벤트를 기획했습니다.

코로나 19 확산으로 자영업자들이 힘든 상황에서 이들이 매출을 회복하기 위해 무엇이 필요할지 고민한 끝에 저서에 유료 동영상 강의, 교육 다이어리, 수첩, 텀블러, 펜 등 총 10가지 굿즈Goods를 결합해서 패

매출 상승 성공 박스 홍보 이미지

키지 상품을 만들었습니다.

이렇게 탄생한 매출 상승 성공 박스는 아무에게나 나눠주지 않았습니다. 힘든 사연을 투고 받아서 꼭 도움이 필요한 분들 100명에 한해서 무료로 배송해드렸습니다. 캠페인을 시작하자마자 박스를 받고 싶다는 신청자가 100명을 초과했습니다. 고민 끝에 B사는 일단 100명분을 보내드리고, 추가 제작에 들어갔습니다. 덕분에 회사에 관한 관심도가 부쩍 상승하게 되었습니다.

소비자들은 날이 갈수록 현명해지고 있습니다. 좋은 사은품을 준다고 해도 그 이면에 어떤 속셈이 숨어있는지 상업적인 의도를 읽어내려고 합니다. 그러므로 기왕 무언가를 줄 거라면 여러 가지 제품을 결합해서 진심으로 도움을 주는 느낌을 갖게 해야 합니다. 모두에게 주고 슈퍼팬에게 팔라는 말처럼요. 매출 상승 성공 박스를 만드는데 지출이 있었지만 들인 비용에 비해 양질의 잠재고객 DB를 획득할 수 있었으며 회사에 관한 관심이 높아졌습니다.

## 사례 2 병아리와 병아리 집

제품과 제품의 결합에 관해 재미있는 사례 하나를 소개하겠습니다. 병아리를 판매하는데 연 매출 1억 원이 넘는 분이 계십니다. 도대체 병아리 몇 마리를 팔아야 1억 원을 벌 수 있을까요? 제가 어렸을 때는 학교 앞에서 병아리를 파는 할머니가 계셨습니다. 삐악삐악 우는 병아리가 너무 귀여워서 용돈으로 병아리를 사서 채소를 먹이면서 키웠던 기억이 납니다.

그때 병아리 한 마리가 1,000원 정도였는데 1억 원을 벌기 위해서는 1년에 10만 마리를 팔아야 하는 셈입니다. 또 요즘은 동물 학대 논란이 있어서 병아리, 강아지, 고양이 등 동물을 길거리에서 판매하는 것 자체가 불가능합니다. 학생들이 병아리를 키우려면 농장까지 가서 사야 한다고 하더군요. 그렇다면 사장님은 대체 어떻게 억대 매출을 만들 수 있었을까요?

병아리라는 상품과 결합한 병아리 집

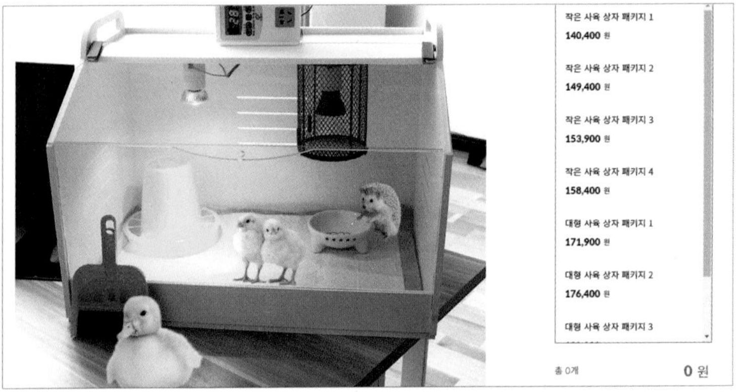

바로 병아리에 병아리 집을 결합해 세트 상품을 구성한 덕분입니다. 물고기를 키울 때 어항이 필요한 것처럼, 병아리를 제대로 사육하기 위해서는 병아리 집이 필요한데요. 저렴하게는 몇만 원 선부터 십만 원이 넘는 병아리 집도 있다고 합니다.

병아리는 1만 원도 하지 않지만, 병아리 집과 병아리 부화기 등 결합 제품에서 나는 수익이 훨씬 높은 것이죠. 이처럼 내 사업 아이템 하나만 볼 것이 아니라, 제품과 연계해서 추가 매출을 올려줄 결합 제품을 계속해서 고민해봐야 합니다. 휴대폰 시장도 거대하지만, 휴대폰 케이스 시장과 액정필름 시장도 매우 큰 것처럼 말이죠.

혹시 추억의 '띠부띠부씰'을 기억하시나요? 떼었다 붙였다 할 수 있는 스티커인데 빵을 사면 안에 하나가 들어있습니다. 종류가 다양한데 랜덤으로 들어서 스티커 종류를 다 모으기 위해 계속해서 빵을 사 먹곤 했죠. 어떻게 보면 굿즈 마케팅의 시초입니다.

국진이 빵, 핑클 빵, 포켓몬 빵 등등 다양한 버전이 있었습니다. 빵을

빵과 스티커 굿즈의 결합

사서 안에 있는 스티커만 챙기고 멀쩡한 빵은 안 먹고 길바닥에 버려서 사회적 문제로 뉴스에 나오기도 했습니다. 사실 빵 자체는 평범하게 먹을 수 있는 맛입니다. 차별화가 없는 빵을 판매하기 위해서 캐릭터 스티커를 결합해서 판 것이죠. 여기서 배울 점은 내가 A를 판다고 해서 A 하나에만 매달리지 말고, A에 다양한 것을 결합해서 이익을 극대화할 방법을 찾는 것입니다. 빵에 캐릭터 스티커를 결합하고, 병아리에 병아리집을 결합하는 것처럼 말이죠.

## 사례 3 브랜드 컬래버레이션

유명 브랜드와의 컬래버레이션 사례

**참이슬 백팩, 곰표 패딩 '완판'… 왜 사나 했더니**

머니투데이 | 김지성 기자

VIEW 487,553 | 2019.11.28 04:30

| 소비자심리학 교수 "실용보다 개성 추구하는 젊은 세대, 유희적 소비"



'참이슬 백팩'(왼쪽)과 '곰표 패딩' /사진=커뮤니티 캡처

**"오후 6시부터 400개 한정판매 한다고 해서 벼르고 있었는데 품절됨. 알람까지 맞춰놨는데…"**

'곰표 패딩'에 이어 '참이슬 백팩'까지. 식품업계와 패션업계의 콜라보 제품이 대박 행진을 이어가고 있다.

27일 온라인 커뮤니티 등에 따르면 하이트진로와 온라인 쇼핑몰 '무신사'가 협업해 제작한 '참이슬 백

유명 브랜드와의 컬래버레이션 사례 2

제발 정식 출시해달라 난리난 주당 친구 베스트 선물 '참이슬 팩소주 가방'

석태진 기자

입력 : 2019.11.26 11:19 가⁻ 가⁺

Google에 의해 종료된 광고입니다

무신사

[인사이트] 석태진 기자 = 항상 술독에 빠져 사는 친구에게 꼭 선물해야 할 아이템으로 떠오른 참이슬 팩소주 가방.

많이 본 뉴스

기아 새 엠블럼 바꿔 달고 1000만원대로 출시된 '가성비 甲' 2022 셀토스

패키지 상품, 결합 제품 다음으로 컬래버레이션 제품도 생각해볼 수 있습니다. 유명한 온라인 셀렉트숍 무신사에서 이색적인 상품을 출시했습니다. 대한제분(곰표 밀가루)과 컬래버레이션을 해서 패딩을 출시했고, 하이트 진로(참이슬)와 컬래버레이션을 해서 가방을 출시한 것입니다.

업계의 관행을 깬 참신한 시도에 '과연 이런 제품이 팔릴까?' 싶었지만 시장의 반응은 뜨거웠습니다. 어떻게 보면 패션과 전혀 무관한 브랜드와의 조합인데 반대로 소비자들의 마음을 사로잡은 것입니다. 마치 미녀와 야수처럼 사람들은 어울리지 않는 정반대의 조합에 이끌리는 심리가 있다고 합니다.

대량생산을 하지 않고 물량을 제한한 것 역시 성공 포인트입니다. 곰표 밀가루와 참이슬은 대중적인 인지도를 갖고 있습니다. 모두가 아는

브랜드를 한정판 컬래버레이션 제품으로 출시하자 희소성 있는 아이템을 주변 지인과 SNS 계정에 자랑하고 싶은 컬렉터들의 마음에 불이 지펴진 것입니다.

요즘처럼 SNS로 친구들과 신기한 뉴스를 공유하는 시대에서는 누구나 구매할 수 있는 제품보다는 접근이 어렵고, 물량이 제한된 제품이 인기가 많습니다. 나이키 한정판이나 샤넬, 에르메스 등의 명품 브랜드를 생각해보면 이해가 될 것입니다. 만약에 제품과 제품의 결합을 고려하고 계신다면 이처럼 다른 브랜드와의 컬래버레이션 제품을 만드는 것도 한 번 고민할 필요가 있습니다.

02

# 제품과 서비스를 과감하게 합쳐보라(제품×서비스)

예전에 필자에게 컨설팅을 받은 고객분 중에 S 화장품 방문판매를 하는 세일즈맨이 한 분 계셨습니다. 영업직이라서 남들과 똑같은 화장품을 팔아야 한다는 사실에 고민이 많으셨죠. 다른 영업사원과 똑같은 S 화장품을 파는데 어떻게 같은 화장품도 자신한테 사게끔 차별화를 할 수 있을까요? 고민 끝에 제품과 서비스를 결합해서 활로를 찾으셨습니다.

### 사례 1 S 화장품 방문판매

S 화장품은 40대 이후 나이대의 주부와 여성들을 위한 한방 화장품 콘셉트의 제품이라서 주된 고객층이 신랑, 신부가 시댁에 선물할 때 많이 구매한다고 합니다. 기왕 선물로 드리는 거 회사에서 나온 패

S 화장품과 보자기 포장의 결합

키지 그대로 드리는 것보다 한 번 더 예쁘게 포장해서 드리면 좋지 않을까요?

이 아이디어를 구현하기 위해 전문 학원을 찾아가 보자기 포장을 배우셨고, 손수 화장품 세트를 하나하나 보자기로 예쁘게 재포장해서 고객에게 팔았습니다. 본인이 쓰는 것도 아니고 시아버지, 시어머니에게 드릴 선물인 만큼 고객들이 진심으로 감동했다고 합니다.

선물 용도로 S 화장품을 살 거라면 이 사람에게 사면 포장을 예쁘게 해준다고 기존 고객들이 입소문을 내주었고, 지인 소개를 통해 실적이 많이 늘었다고 합니다. 이처럼 제품과 제품의 결합이 여의치 않다면 제품에 새로운 서비스를 결합해서 새로운 아이템으로 보이게끔 디자인을 바꾸는 것도 좋은 마케팅 전략입니다.

### 사례 2 다이어트 관리 서비스

트렌드가 바뀌면서 수많은 시장이 탄생하고 소멸하지만, 다이어트 시장만큼은 인류 역사에서 사라지지 않을 거라는 말이 있습니다. 실제 지금도 다이어트 운동, 다이어트 약품, 다이어트 식품 시장은 매년 커지고 있습니다.

S사 사장님은 녹차에 든 카테킨 성분으로 만든 다이어트약을 팔고 싶었습니다. 문제는 카테킨을 이용한 다이어트 제품이 시장에 너무나 많았고, 사장님이 만든 약도 성분과 함량이 시중의 제품과 유사했다는 것입니다.

이렇다 할 차별화가 없으니 마케팅을 해봐야 더 인지도가 높은 브랜드를 이기기 힘든 상황이었죠. 테이크 오프를 위한 여러 가지 아이디어를 내던 도중 사람들이 카테킨을 먹는 상황에 대해 생각해보게 되었습니다.

저는 먹는 것이 다 살로 가는 체질이라서 항상 다이어트에 신경을 쓰는 편입니다. 그래서 다이어트약을 사는 사람들의 심정을 누구 못지않게 잘 알고 있습니다. 결국 살을 빼기 위해 약을 사는데 약효를 보기 위해서는 하루도 빼먹지 않고 최소 2~3개월을 복용해야 합니다. 하지만 저를 포함해서 대부분 사람은 매일매일 약을 챙겨 먹지 못합니다. 바쁘게 하루하루를 보내다 보면 약 먹는 걸 깜빡하기 마련이고, 그렇게 미처 다 먹지 못한 약이 집안에 쌓이게 되는 것이죠.

그래서 매일 약을 먹을 수 있게끔 돕는 것 자체가 하나의 차별화가

녹차 카테킨과 다이어트 서비스의 결합

될 수 있겠다고 생각하게 됐습니다. 다른 제품들은 약을 사면 자기가 알아서 먹어야 하는데, 제품을 구매하면 2개월 동안 매일 정해진 시간에 약을 챙겨 먹을 수 있도록 카카오톡으로 연락하고, 식단 조언과 운동일지도 짜주면서 원격 관리하는 서비스를 떠올렸습니다. 약을 살 때 체중계도 같이 보내줘서 다이어트에 관한 의지를 매일 상기시켜주는 것입니다. 이 마케팅 캠페인을 진행했던 때가 지금으로부터 거의 3~4년 전입니다. 요즘 유행하는 온라인 홈트레이닝의 시초라고 보시면 될 것 같습니다.

S 사장님도 이 아이디어에 찬성하셨습니다. 그렇게 카테킨 제품에 관리 서비스가 합쳐졌습니다. 제품과 서비스를 결합하니 시중의 똑같은 카테킨 제품보다 금액을 더 높게 받을 명분도 충분했습니다. 약 하나만 판다면 5만 원 이상을 받지 못하지만, 서비스를 포함해서 17만 원으로 가격을 책정해서 론칭했습니다. 경쟁사 제품보다 고가임에도 불

구하고 성공적으로 판매할 수 있었습니다. 최근에야 이처럼 제품에 서비스를 결합한 형태의 비즈니스가 많아지는 추세이지만 처음 선보였을 당시만 하더라도 업계 초기 도입이었기 때문에 많은 관심을 받았었습니다.

### 사례 3 비타민 전문 B사

저는 다이어트약과 더불어 온갖 비타민을 입에 달고 살아서 주변 지인들로부터 약장수라는 별명으로 불립니다. 아마 여러분 중에서도 저처럼 집에 영양제를 쌓아두고 사는 분이 계실지 모르겠습니다.

그런데 잘 생각해보면 미네랄과 비타민이 얼마나 부족한지는 사람마다 다 다릅니다. 운동만 하더라도 개개인의 체형이나 생활방식에 따라 적합한 운동이 다르지 않습니까? 영양제 역시 사람마다 필요한 비타민이 각자 다릅니다. 친구가 비타민B를 먹고 효과를 봤다고 나도 효과가 있다는 보장이 없습니다. 사람마다 체질과 식습관이 다르기에 내 몸에 맞지 않거나, 비타민 과잉으로 오히려 몸에 해가 될 수도 있다는 말이죠.

이런 문제를 막기 위해 B사는 모발검사를 통해 개개인에게 가장 필요한 비타민이 무엇인지 알아냅니다. 모발은 우리 몸의 모든 정보를 갖고 있어서 친자 검사를 할 때도 쓰인다고 합니다. 자신의 머리카락 일부를 잘라서 회사에 보내주면 본사에서 분석을 통해 나한테 어떤 영양소가 부족한지 모발 검사표를 만들어줍니다. 이 검사 결과를 참고해서 부족한 비타민과 미네랄을 선택해서 구매할 수 있는 것입니다. 그동안

비타민과 모발검사 서비스의 결합 제품

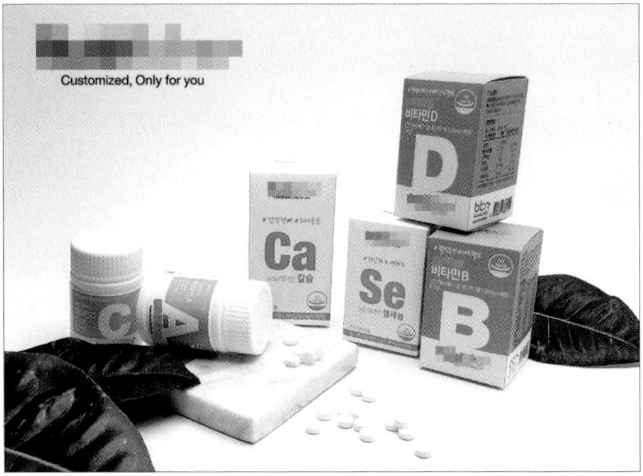

여러 비타민을 사서 먹어본 저도 이런 서비스는 국내 최초이기에 와디즈 펀딩(https://www.wadiz.kr/)을 권유했습니다. 그리고 실제로 성공적으로 크라우드 펀딩이 진행되었습니다.

다음 발걸음으로 대형 헬스장과 제휴를 맺는 걸 추진 중입니다. 헬스장의 PT 트레이너가 자신이 담당하는 고객의 식단을 짜줄 때 모발검사를 통해 개개인에게 가장 필요한 비타민까지 챙겨줄 수 있도록 기획한 것이죠. B사에서는 상품을 오프라인으로도 널리 보급할 수 있고, 헬스장 역시 기존 고객들에게 더 앞선 서비스를 제공하면서 추가 매출까지 올릴 수 있기에 서로 윈윈할 수 있는 길입니다.

요즘 트렌드를 보면 100세 시대가 오면서 사람들이 건강에 신경 쓰고 있습니다. 특히 다수를 위한 제품, 서비스보다는 개인에 특화된 시장이 점점 커지고 있습니다. 분야를 막론하고 1:1 개인 맞춤형 서비스 시장은 점점 더 관심이 쏠릴 것입니다. 만약에 여러분의 제품에도 이 같은 서비스를 접목할 수 있다면 트렌드를 선점하는 좋은 차별화가 될 것입니다.

모발검사 결과지 예시

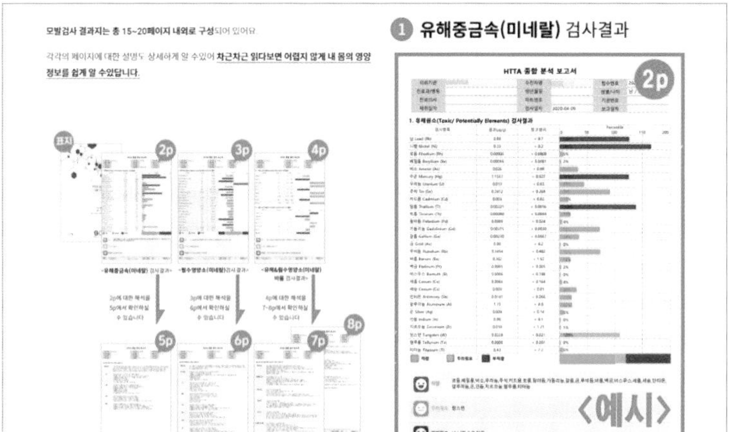

03

# 대세에 편승하여 제품과 사람을 연결해보라(제품×사람)

제품을 더욱더 효과적으로 판매하기 위해 유명한 인플루언서, 유튜버와 협업하는 사례가 점차 늘고 있습니다. 제품과 사람의 결합(제품X사람)은 이미 만들어진 제품에 사람(인플루언서)을 결합해 마케팅하는 것입니다. 화장품의 경우 뷰티 인플루언서와 제휴를 맺거나, 건강기능식품을 판다면 의사, 약사 유튜버와 협업을 할 수 있겠습니다.

많은 구독자, 팔로워, 팬덤을 보유한 인플루언서는 적게는 몇천, 몇만에서 많게는 몇십 만대에 이르기까지 영향력을 행사합니다. 유명 인플루언서의 추천을 받았다는 사실 하나만으로도 제품을 보는 시선이 달라지죠. 그래서 제품과 사람의 결합 마케팅은 판매량을 늘리기 위한 단순광고성 홍보부터 시작해서 자사의 홈페이지, 상세페이지에 보여주기 위한 용도에 이르기까지 다양하게 활용됩니다.

점점 확대되는 인플루언서 시장

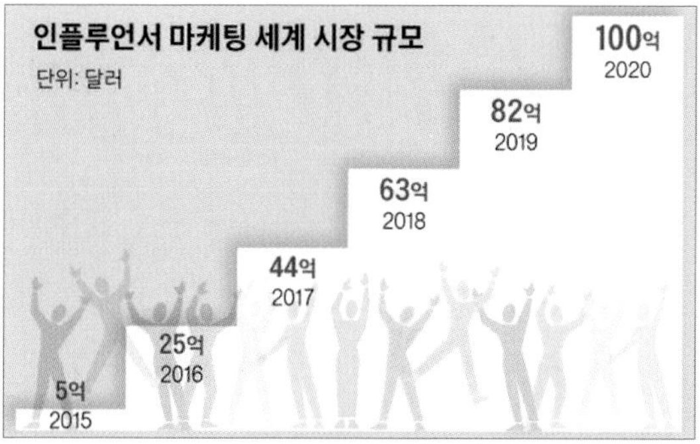


출처: https://news.joins.com/article/23549117

인플루언서 계층도

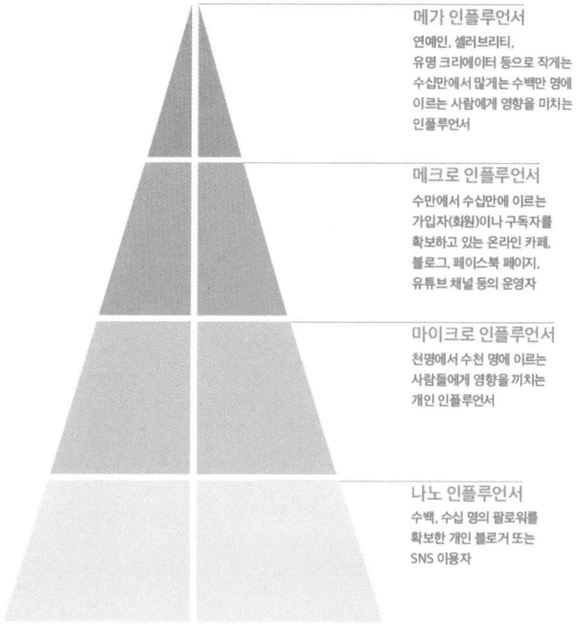


영향력을 기준으로 구분한 인플루언서
**인용자료: 소셜 인플루언서를 활용한 미국 시장 진출전략(KOTRA, 2017.03)**

출처: https://ditoday.com

인플루언서 마케팅 사례들

건강보조식품 인플루언서 마케팅 사례

예산만 확실히 지원된다면 가능한 진행하는 걸 추천하는 이 마케팅에도 단점은 있습니다. 인플루언서가 수익을 위해 비슷한 제품을 계속해서 판매했으나, 추후 제품에 문제가 많다는 것이 밝혀져 무수한 애프터서비스(A/S) 신청이 들어온 것입니다. 대처가 미흡하여 팬덤이 안티로 변하는 사건이 있었고 언론에까지 큰 이슈가 되었습니다.

제품력이 충분히 괜찮을 때도 있지만, 일부 만족도가 떨어지는 제품을 인플루언서의 영향력에 의존해서 팔려는 경우도 있어 인플루언서의 진정성과 책임감 문제가 두드러지고 있습니다. 그래서 최근에는 인플루언서가 단순히 제조된 제품을 파는 형태(제품×사람)보다는 제품의 개발 및 애프터서비스까지 깊이 관여해서 책임감을 보여주는 형태(사람×제품)가 대중의 환영을 받고 있습니다.

앞으로도 단순히 제조된 물건을 파는 인플루언서보다는 제품 기획 및 제조에 적극적으로 참여하는 인플루언서가 더욱 주목받을 것입니다. 인플루언서도 점점 많아지고 있고, 회사나 사람이나 전성기가 영원할 수는 없습니다. 인기를 유지하기 위해서는 계속해서 새로운 걸 개발해서 팬들에게 양질의 가치를 제공할 수 있어야 하고, 그러기 위해서는 기존에 있는 걸 그대로 파는 것을 넘어서 이전에는 없던 컬래버레이션 제품을 선보이고 사후관리까지 확실히 책임지는 인플루언서가 되어야 합니다.

## 제품의 결합 테이크 오프 트레이닝

내 제품에 다른 제품, 서비스, 사람을 결합해서 경쟁 제품보다 돋보이는 차별화를 만들어낼 수 없을지 한 번 고민해보세요.

1 내 제품과 결합해서 시너지를 낼 수 있는 제품, 서비스는 무엇이 있을까요?

2 A와 B를 결합해 AB라는 구성 상품을 만들 수 있을까요?

3 A와 B를 결합해서 전혀 새로운 C라는 상품을 만들 수 있을까요?

4 우리 회사의 홍보대사로 가장 적합한 인플루언서는 누가 있을까요?

5 우리 업계에서 생각지 못한 제품을 결합한다면 무엇이 있을까요?

6 내 제품과 컬래버레이션하면 좋은 다른 브랜드가 있을까요?

# CHAPTER 3

# 제품을 분할(÷)하여 마케팅 포인트를 파악하라

01

# 내 제품을 샘플로 분할하여 마케팅하라

마지막으로 제품의 분할입니다. 내 제품에 다른 무언가를 붙여보는 것이 결합이라면, 내 제품의 일부를 떼어보는 것이 분할입니다. 일상적으로 쉽게 접할 수 있는 사례가 본 제품을 분할해서 샘플을 만드는 것입니다. 앞에서 살펴본 화장품 방문판매가 대표적인 예입니다. 사실 화장품은 백화점이나 올리브영과 같은 드럭스토어에 가도 살 수 있습니다. 그런데 왜 방문판매를 통해 사려고 할까요? 1:1 상담을 통해 내 피부에 맞는 화장품을 추천받을 수 있다는 장점도 있지만, 본 제품을 분할한 샘플을 넉넉하게 받을 수 있다는 점이 가장 큽니다. 저도 이 샘플 전략을 활용해서 매출증진을 도운 적이 있습니다.

S사의 여성청결제 제품을 팔았을 당시의 일입니다. 사장님이 한 세트에 무려 50만 원이나 하는 제품을 들고와서는 어떻게 팔면 좋을지 조

언을 구한 적이 있습니다. 시장조사를 좀 해보니 그 분야의 카테고리에서 유명한 브랜드 제품 가격이 10만 원도 안 되는데 무려 10배나 비싼 것입니다.

도대체 무엇이 들어있기에 이렇게 비싸냐고 여쭤봤습니다. 다른 회사 제품과 달리 당시 이슈가 되었던 특허 성분이 들어있다는 겁니다. 경쟁사 제품과 달리 청결은 기본이고 탄력성을 재생시켜서 남녀 간의 성적인 문제에도 큰 도움을 준다고 하더군요.

여성청결제의 위생적 부분은 이미 큰 대기업 브랜드 제품이 시장을 점유하고 있었기에, 우리는 차별화 포인트인 부부의 잠자리를 마케팅 콘셉트로 잡고 시장조사에 착수했습니다. 맘카페에서 소비자 분석을 하면서 성관계가 부부 사이에 큰 갈등 원인이 된다는 사실을 알 수 있었습니다. 심한 경우 이혼까지 간다는 것이 충격적이었습니다.

이렇듯 소비자의 니즈가 확실하니 제대로 시장을 공략한다면 팔 수 있겠다는 가능성을 보았습니다. 가격이 비싸긴 하지만 같은 효과를 얻기 위해 산부인과에 가서 몇 배의 비용을 더 내고 수술을 하는 분도 계셨기에 이 부분을 파고들어 세일즈 포인트로 잡았습니다.

이런 고가 제품은 검색포털을 통해 파는 게 일반적입니다. 그런데 사장님이 당시 한참 유행하는 SNS로 꼭 팔고 싶어 하셨습니다. 저는 50만 원이나 하는 비싼 제품은 SNS에서 다이렉트로 팔리지 않는다고 설득했습니다. 검색포털은 니즈를 가진 사람이 검색해서 구매하지만, SNS는 친구들의 소식을 보다가 광고를 접하는 방식이라 대개 5만 원 밑의 저가 제품들이 많이 팔린다고 말입니다.

그런데도 사장님은 SNS에 타깃 고객이 많이 모여 있고, 전파력이 뛰어나다며 어떻게든 SNS 마케팅을 하고 싶다는 뜻을 굽히지 않았습니다. 그래서 저는 새로운 제안을 했습니다. SNS로 판매할 수 있는 5만 원 이하 미끼 상품을 만들어달라고 요청했고, 사장님은 60일 치 본제품 가운데 10일 치를 나눠서 9만8천 원짜리 샘플을 만들었습니다.

S사 제품 분할 사례 1

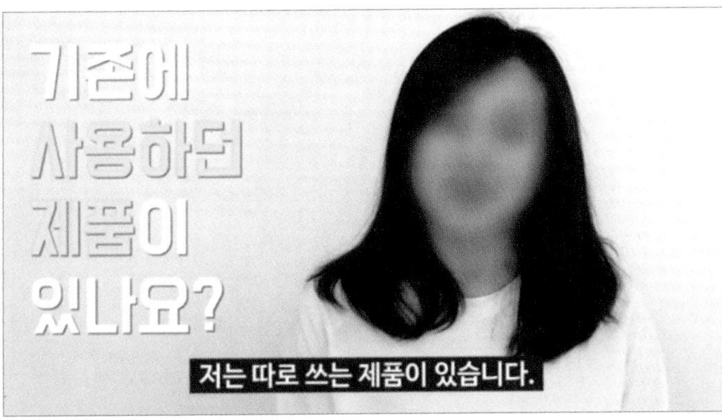


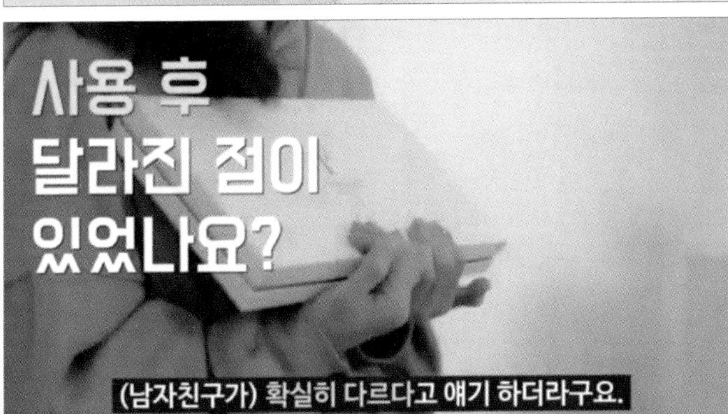

9만8천 원도 좀 비싸다고 생각했지만, 이 이상으로 낮추기는 힘들다고 하셔서 예정대로 SNS 마케팅을 진행했습니다. 커플을 섭외해 사용 후기 위주 바이럴 영상을 만들어서 광고를 시작하자 첫 달부터 상당수의 샘플 신청 DB가 접수되었습니다.

한 가지 놀라운 점은 S사 직원들이 어찌나 영업을 잘하는지 샘플에 대해 전화 상담을 하면서 고가의 본 상품까지 추가로 계약을 많이 따냈습니다. 처음부터 바로 본 상품을 판매하려고 했다면 50만 원이라는 가격 때문에 판매가 힘들었을 것입니다. 제품의 분할을 통해 샘플로 접근했기에 테이크 오프에 성공할 수 있었습니다.

샘플을 활용하는 또 다른 방법을 말씀드리겠습니다. 건강 즙을 제조 및 판매하는 J 사는 20종류 이상의 야채즙, 과일즙을 판매합니다. 고객이 건강 즙 50팩을 주문하면 다른 맛의 즙도 1개씩 6팩을 추가로 넣어

건강즙 맛보기 샘플 사례

줍니다. 맛보기 샘플을 보내주는 것이죠. 얼핏 손해 보는 것 같지만, 장기적인 관점에서 바라보면 꼭 그렇지도 않습니다. 다른 맛의 건강즙도 먹어보면서 '나는 호박즙을 샀는데 샘플로 보내준 포도즙이 더 맛있고 내 몸에도 잘 맞는 것 같은데?', '양파즙을 샀는데 같이 보내준 배즙도 괜찮네? 다음에는 이것도 같이 주문해볼까?' 하고 추가 구매의 계기가 됩니다.

저는 M 사의 단백질 보충제(프로틴)를 자주 먹습니다. 프로틴도 건강즙처럼 맛의 종류가 참 많습니다. 처음 접하는 사람은 무슨 맛이 제일 내 입맛에 맞을지 고민되기 마련이죠. 그래서 M 사는 8만 원 하는 대용량 프로틴과는 별도로 3000원짜리 샘플 프로틴을 판매합니다. 먼저 내가 관심이 가는 맛들을 소용량으로 먹어보고 대용량을 사라는 배려입

프로필 맛보기 샘플 사례

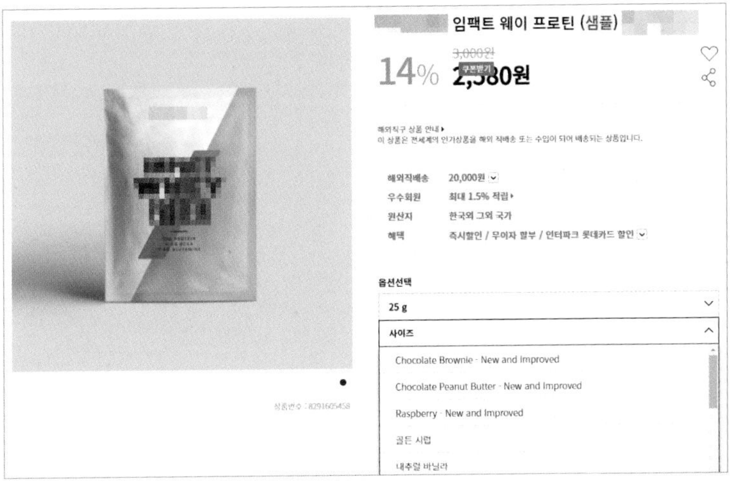

니다.

만약 여러분도 다양한 맛의 식품을 판매한다면 J 농원처럼 다른 맛의 샘플을 서비스로 끼워주거나, M사처럼 샘플을 제품화하는 걸 고려해 보시길 바랍니다. 소비자들은 먼저 먹어본 사람의 리뷰와 후기를 참고해서 제품을 고르지만, 사실 맛은 주관적인 영역이기에 어쩌면 신규 주문이 들어올 수도 있을 것입니다.

요즘 한창 이슈가 되는 민트초코만 놓고 봐도 누구는 상쾌해서 좋다고 하고, 누구는 치약 맛이 나는데 왜 먹는지 모르겠다고 합니다. 후기를 봤을 때는 다 맛있다고 하는데 내 입에는 안 맞을 수 있고, 후기에서는 맛없다고 하는데 나한테는 맛있을 수 있습니다. 그렇기에 제품을 나눠 다양한 접점을 만들어주면 소비자들은 뭔가 서비스받는 느낌을 받고, 빨리 '정착'할 맛을 결정할 수 있어서 만족도도 높아지게 됩니다.

02

# 1인 가구를 타깃팅으로 개인 맞춤형을 지향하여 분할하라

제품의 분할을 설명할 때 제가 자주 드는 예시가 있습니다. 바로 몇 년 전 우리나라 주부들을 열광시킨 제품인 에어프라이어입니다. 제가 아는 한 한식당 주방장님이 이런 이야기를 한 적이 있습니다. 에어프라이어가 알고 보면 오븐의 축소판이라는 것입니다. 오븐과 에어프라이어는 기능이 거의 비슷한데 심지어 오븐이 집에 있는데도 불구하고 에어프라이어를 사는 주부들이 있어서 참 신기하다고 말이죠. 오븐을 분할한 개념으로 만들어진 에어프라이어지만 그렇다고 에어프라이어가 오븐의 하위호환이라는 말은 아닙니다. 우선 오븐보다 작고 작동도 쉬워서 방이 좁은 1인 가구에서도 편리하게 사용할 수 있습니다. 또한 바삭한 식감을 더 살릴 수 있고 크기가 작다 보니 오븐보다 세척도 간편하다는 장점이 있습니다.

에어프라이어 검색량 추이

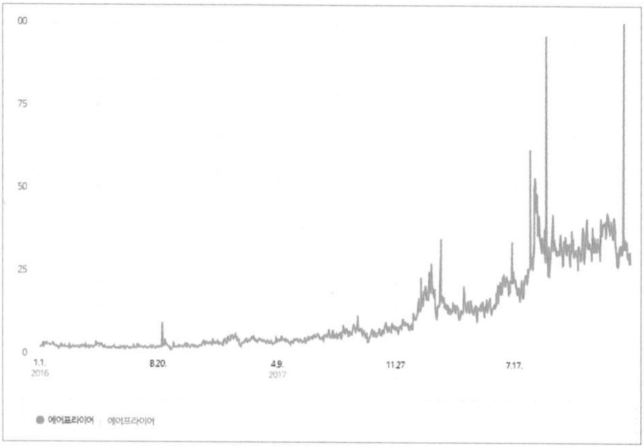


너나 나나 에어프라이어를 사고, 에어프라이어를 이용한 레시피가 인터넷에 퍼지면서 나중에 가서는 집에 에어프라이어가 없으면 유행에서 밀린 것 같은 느낌마저 들면서 경쟁적으로 팔려나갔습니다. 최신 트렌드를 살펴보면 제품의 분할이 점점 대세가 되는 것 같습니다. 갈수록 1인 가구가 늘어나면서 대용량 제품을 1인용에 맞춰 잘게 나눈 제품들이 늘어나고 있습니다. 1인분 밀키트, 1인분 견과류가 나오더니 병으로만 판매하던 홍삼진액도 1인분 홍삼 스틱으로도 판매합니다.

젓갈을 판매하는 D사의 마케팅을 도와드린 적이 있습니다. 원래 큰 통에 담아주던 젓갈을 밥 한 그릇 분량에 딱 맞춰 한 팩으로 포장하자 자취하는 소비자들의 반응이 좋았습니다. 1인 가구와 더불어 코로나 19로 인해 꾸준히 시장규모가 커지는 분야가 있습니다. 바로 캠핑 시장입니다. 요즘은 캠핑에서 한 단계 더 분할된 차박족도 생겼습니

건강즙 맛보기 샘플 사례

다. 아예 텐트조차 없이 자동차에서 생활하면서 캠핑을 즐기는 것입니다. 이렇게 보자면 트렌드가 뭐든지 소형화, 간소화되는 분할의 방향으로 가는 것 같습니다.

앞으로도 대용량보다는 1인 가구, 대량생산 제품보다는 나만을 위해 만들어진 1:1 맞춤형 제품, 수량이 한정된 프리미엄 제품, DIY 제품, 인터넷에서 쉽게 구할 수 없는 제품, 브랜드보다는 가성비가 좋은 제품을 찾는 수요가 쭉 이어질 것으로 전망됩니다. 아무런 차별화와 특징이 없는 대량생산품은 최저가만 팔리게 되므로 이윤을 희생할 수밖에 없습니다.

지금부터는 개인 맞춤형 제품의 대표 사례로 M 사의 개인 맞춤형 샴푸를 소개하겠습니다. 보통 우리는 샴푸를 살 때 시중에 나온 여러 종

개인 맞춤형 샴푸 예시

류의 샴푸를 보면서 나에게 맞는 걸 선택합니다. 머리에 비듬이 많으면 비듬 전용 샴푸, 탈모 기미가 있으면 탈모방지용 샴푸를 사는 식으로요. 대부분 샴푸가 1~2가지 기능에 초점이 맞춰져 있습니다.

그런데 M 사 샴푸는 이미 만들어진 완제품을 사는 방식이 아닙니다. 내가 원하는 샴푸를 직접 만들 수 있습니다. 홈페이지에 들어가면 내 모발 유형에 맞춰 샴푸의 기능, 색상, 트리트먼트, 향기, 세기, 패키지 등을 직접 고른 다음 결제합니다. 그럼 내가 요청한대로 샴푸가 만들어져서 집으로 배송됩니다. 말하자면 샴푸라는 제품을 구성하는 다양한 요소들을 전부 분할 및 해체한 다음에 고객이 자신에게 맞는 요소들만 골라서 나만의 맞춤형 제품을 제조할 수 있게 한 것입니다. 혹시 내 사업 아이템도 이처럼 옵션을 선택해서 1:1 개인 맞춤형 제품을 만들 수 있다면 도입해보는 건 어떨까요?

## 제품의 분할 테이크 오프 트레이닝

내 제품을 나눠서 새로운 제품을 만들거나 차별화를 할 수 없는지 생각해봅시다.

1 제품을 나눠서 체험 샘플을 만들어볼 수는 없을까요?

2 제품을 나눠서 판매해볼 수는 없을까요?

3 제품의 기능 및 성분을 단일화할 수는 없을까요?

4 소비자가 원하는 개인맞춤형 제품으로 만들 수 있을까요?

5 1인 가구 트렌드에 맞춰서 제품을 소분화, 경량화, 축소 등을 할 수 있을까요?

# TAKE OFF

PART 3

# 확실한 서비스의 차별화를 위한 4가지 방법

CHAPTER 1

# 서비스에
# 서비스를 더하라

01

# 서비스는 계속해서 더해져야 한다 (서비스+서비스)

내가 제품의 제조에 직접 관여할 수 있다면 제품의 장점, 단점, 결합, 분할을 할 수 있지만, 그것이 불가능할 때도 있습니다. 유통과 영업을 하는 분들은 이미 만들어진 완제품을 가져와 팔아야 하기에 내 마음대로 제품을 변형할 수 없습니다. 제품의 변형이 불가능하다면 서비스의 차별화를 생각해봐야 합니다. 먼저 서비스의 장점부터 보겠습니다. 서비스 역시 제품과 마찬가지로 남들이 하지 않는 서비스를 시작하고, 내 서비스의 장점을 계속해서 극대화해나가야 합니다. 대표적인 사례로 미용실을 들 수 있습니다. 어린 시절 미용실을 떠올려보세요. 맨 처음 미용실은 미장원이라고 해서 이발소와 큰 차별화가 없었습니다. 남자는 이발소에 가고, 여자는 미용실에 가는 정도였죠.

그러던 미장원이 미용실로 진화하면서 가게 인테리어가 세련되게

변하더니 커트, 펌, 염색을 모두 제공하면서 이발소를 완전히 밀어냈습니다. 남녀 가리지 않고 모두가 미용실만 이용하게 되었죠. 현재는 미용실이 많아지자 경쟁에서 이기기 위해 미용실 서비스가 점점 더 발전하고 있습니다. 대기 고객을 위해 편안한 소파에 책과 잡지를 놓고 음료수를 제공하거나, 파마하는 시간 동안 심심하지 않게끔 태블릿PC로 드라마나 영화를 틀어주기도 하고, 발 마사지 기계를 들여와 안마를 해주기도 합니다.

고객들이 점점 서비스를 더 잘 해주는 미용실로 찾아가니 어떤 미용실은 같은 가격에 두피마사지를 해주고, 어떤 곳은 네일아트 서비스를 해주기도 합니다. 어디는 커트 전문, 어디는 탈모 전문 등 전문화도 진행되고 있습니다.

단골 관리를 위해 멤버십 서비스를 도입한 미용실도 있습니다. 예를 들어 1회 시술에 5만 원을 내야 하는데 멤버십 50만 원을 결제하면 60만 원에 해당하는 서비스를 제공해주는 식이죠. 이처럼 서비스의 차별화는 경쟁사가 안 하는 새로운 서비스를 시작하고, 계속해서 서비스를 추가하며 경쟁우위를 높이는 것이 기본입니다.

저도 논현동에서 미용실 두 곳을 운영하는 원장님을 컨설팅한 적이 있었는데요. 논현동은 주변 상권에 강남 유흥가가 크게 형성된 것이 특징입니다. 이 상권을 타깃으로 운영되는 미용실이 많았습니다. 낮에는 미용실을 열지 않고 저녁부터 새벽까지 영업하면서 유흥가 종사자들의 헤어 스타일링과 메이크업을 주된 수익모델로 삼았죠.

그러던 어느 날 대표님이 경쟁사 미용실이 낮에도 문을 열어서 손님을 받는 장면을 목격했습니다. 낮이나 밤이나 손님이 많았고, 경쟁사가 장사가 잘 되니까 우리 손님을 뺏기는 느낌이 든다고 상담을 받으러 오신 겁니다. 그래서 경쟁사 미용실을 온라인으로 조사해보니 놀라운 사실을 알 수 있었습니다.

알고 보니 저녁에는 평소대로 영업하면서, 낮에는 스튜어디스 학원 학생들을 대상으로 메이크업을 해주면서 매출을 만들어내고 있었습니다. 논현동 주변에는 항공사 학원도 많았습니다. 스튜어디스 지망생들이 항공사에 면접을 봐야 하는데 대한항공, 아시아나 항공, 진에어, 제주항공 등 각 회사마다 제시하는 헤어스타일과 메이크업 표준이 다 다르다고 합니다.

이렇다 보니 스튜어디스 학원에서도 수강생들을 지망 회사별로 그룹을 나눈 다음 프리랜서 강사를 섭외하여 가르칩니다. 그리고 문을 안 여는 낮의 미용실을 빌려서 이론 및 실습수업을 진행한 것입니다.

미용실 입장에서도 어차피 낮에는 영업을 안 하는데 강의 장소를 대관해주면서 임대수익이 생겨서 윈윈인 셈이죠. 게다가 장소를 빌리는 스튜어디스 지망생들도 메이크업과 화장은 계속해야 하므로 미래의 잠재고객까지 유치하는 일석이조의 효과를 얻는 차별화인 셈이지요.

이처럼 경쟁사가 기존의 서비스에 스튜어디스 학원 쪽의 새로운 장점을 추가하는 모습을 보면서 자극을 받은 사장님과 함께 대책을 궁리했습니다. 항공사 쪽은 경쟁사가 가져갔으니 그 대신 소규모로 메이크업, 이미지 메이킹 수업을 하는 강사나 인플루언서를 영입해서 비슷한 차별화를 가져갈 수 있겠죠? 최근에는 미용실의 경쟁이 치열해지면서 네이버에서 '지역명+미용실'을 검색하는 분들이 많아졌고, 해당 키워드에 상위노출된 미용실에 많은 고객이 몰리고 있습니다. 이에 따라 많은 미용실이 블로그 상위노출을 비롯해 네이버 예약, 네이버 플레이스 등에 좋은 평점과 후기를 확보하려고 노력하고 있습니다.

그런데 간혹 이를 악용해서 일부러 악플(악생댓글)과 부정적인 후기를 작업해 근처 가게를 비방하고 순위를 내리는 경우가 있습니다. 실제제 광고주도 경쟁사에 피해를 봐서 현재 법적 소송을 진행 중입니다. 이런 유형의 공격은 마케팅 대행사 업계에서도 상도덕이 없다고 지탄받는 방식입니다. 자사의 차별화된 강점을 알려야지, 법을 어겨가며 경

악성댓글 공격 사례

SBS 2021.03.17. 네이버뉴스
"건당 3만 원"...알바 고용해 **경쟁 미용실**에 '악플 테러'
네가 XXX인 게 이 XX아.] 이 관리자는 근처의 **경쟁 미용실**이 자신이 일하는 건물에 추가로 매장을 내자 앙심을 품고 별점 테러를 꾸민 것으로 알려졌습니다. 피해 미...

뉴스 기사와 댓글로 인한 문제 발생시 24시간 센터로 접수해주세요.

뉴스1 2021.03.16. 네이버뉴스
**경쟁 미용실 후기란에 '별점 테러'...명예훼손 혐의 입건**
한 **미용실**이 인근 미용대의 포털사이트 고객 후기란에 대한 안 좋은 후기를 남긴 일명 '별점 테러' 사건이 벌어져 경찰이 수사에 나섰다. 서울 구로경찰서는 구로...

SBS PiCK 2021.03.16. 네이버뉴스
[단독] **개업하자 쏟아진 악플**..."**건당 3만 원** 별점 테러"
<기자> 지난달 초 **개업**한 서울 신도림동의 한 미용실. 디자이너 A 씨는 **개업** 초기부터 포털사이트 고객.. 근처 미용실의 관리자급 직원이 **건당 3만 원**씩 주고 일을...

뉴스 기사와 댓글로 인한 문제 발생시 24시간 센터로 접수해주세요.

쟁사를 비방하거나 아무런 문제도 없는데 평점을 깎기 위해 일부러 트집을 잡아 방해하는 행동은 하지 말아야 합니다.

02

# 가능한 서브스크립션 서비스를 추가하라

서비스의 장점과 관련해 한 가지 최신 트렌드가 생겨나고 있습니다. 바로 2020년 코로나 19와 함께 이슈가 된 구독경제입니다. 영어로는 서브스크립션 서비스Subscription Service라고 부르는데요. 월 혹은 연마다 일정 금액을 내고 정기적으로 제품이나 서비스를 받는 형태의 비즈니스 모델입니다. 전통적으로 신문, 잡지, 통신, 유제품 등에서 구독경제 모델을 활용하는데 요즘은 점차 다양한 영역으로 퍼지는 추세입니다. 넷플릭스는 기존의 비디오 DVD 대여점에 구독경제 서비스를 추가하면서 시작된 회사입니다. 지금은 아시다시피 동영상 콘텐츠 구독으로 글로벌 대기업이 되었습니다.

국내에서도 재미있는 구독서비스가 몇 년 전 이슈가 되었습니다. 위메프의 경우 W 카페라는 브랜드를 만들면서 월 29,900원으로 무제한

구독경제 검색량 추이

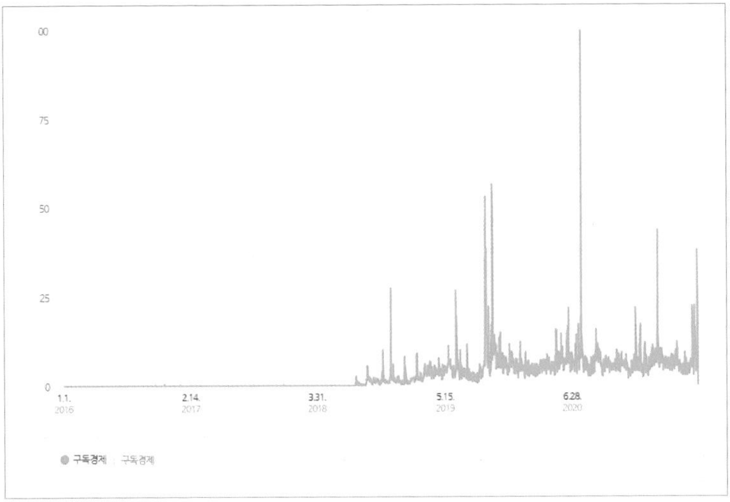


위메프 구독 커피

[이색마케팅 현장취재] 성공예감 W카페 '월정액 무제한커피'

선초롱 기자 | 입력 2018.03.01 06:42 | 수정 2018.03.14 10:08 | 댓글 0

이제 커피도 무제한으로...위메프 '발상의 전환' 소비자 좋은 반응

[뉴스포스트=선초롱 기자] 이종(異種)간 융합과 이를 통한 새로움으로 대표되는 4차 산업혁명 도래에 발맞춰 우리 산업계도 눈에 띄는 변화가 속속 나타나고 있다. 최첨단을 달리는 IT기업이 식음료업에, 전통 사업 중 하나인 식음료·유통 기업이 문화콘텐츠 사업에 진출하는가 하면, 시장의 기존 수익 창출 모델에서 완전히 벗어난 업체가 등장하는 등 변화의 형태도 다양하다. 그리고 이는 갈수록 치열해지는 시장 환경이 반영된 결과이기도 하다. '뉴스포스트'가 발상의 전환과 이를 통한 새로운 수익모델 창출로 위기 탈출 및 새로운 기회 확보에 나선 기업들의 도전과 성공사례 현장을 탐방하는 시리즈물을 기획했다. **<편집자 주>**



출처: http://www.newspost.kr/news/articleView.html?idxno=61666

으로 커피를 마실 수 있는 구독 서비스를 시작했습니다. 아메리카노의 큰 사이즈를 원한다면 39,900원, 티와 과일 주스 등 모든 음료라면 한 달 99,900원까지 다양한 메뉴 구성을 했습니다.

커피 한 달 결제 서비스는 커피를 매일 마시는 저 같은 사람한테는 굉장히 필요한 구독 서비스입니다. 사업 초창기에는 항상 밤을 새우며 늦게까지 일하는 일 때문에 잠을 깨기 위해서 카페인 함량이 있는 커피를 필수적으로 마셨는데 이제는 습관이 되어서 하루에 아메리카노만 2~3잔을 마시는 것 같습니다. 이렇게 매일 커피를 드시는 분들에게는 굉장히 좋은 구독 서비스입니다. 고객이 정기적으로 필수적으로 구매해야 하는 것들을 구독 서비스 형태로 만들어보는 것은 좋은 아이디어

위메프 무제한 커피 월 결제

출처: https://blog.naver.com/omyota/221291044657

마이크로소프트, 어도비사 소프트웨어 구독 사례

조선일보

[Mint] 어도비·MS, 클라우드 도입 후 실적 악화됐다가 반전... IBM·오러클은 아직 '성장통' - 조선일보

[Mint] 어도비·MS, 클라우드 도입 후 실적 악화됐다가 반전... IBM·오러클은 아직 '성장통' ... 대표적인 성공 사례는 어도비와 마이크로소프트(MS)다.

2020. 11. 30.

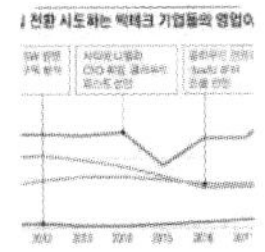

입니다.

옛날에는 MS오피스(엑셀, 파워포인트, 워드 등)와 어도비(포토샵, 일러스트레이터, 프리미어 프로, 애프터 이펙트 등)의 소프트웨어를 비싼 돈을 주고 설치했습니다. 가격 부담 때문에 정품 대신 불법 복제판을 쓰는 사람이 많아지자 마이크로소프트와 어도비도 자사 서비스에 구독경제 모델을 도입했습니다. 한 번의 고비용을 낼 필요 없이 저렴한 월 구독료를 내고 소프트웨어를 사용할 수 있게 되자 불법복제가 많이 사라졌다고 합니다.

저는 클라이언트나 직원들과 카카오톡으로 소통하면서 다양한 자료를 주고받습니다. 아시다시피 카카오톡으로 주고받은 자료는 30일 이후 소멸합니다. 중요한 채팅 내용이나 파일은 미리 백업해둬야 하죠. 그래서 저는 월 990원을 내고 카카오톡 톡 서랍 서비스를 사용하고 있습니다. 톡 서랍을 이용하면 100GB 한도 내에서 자료를 자동으로 저장해줍니다. 갑작스러운 에러로 데이터가 소멸하는 일을 방지할 수 있고, 여러 채팅방에 흩어져있던 자료를 한곳에 모아서 찾아보기 쉽게 분류를 나눠서 보관할 수 있습니다.

카카오톡 톡서랍 사례

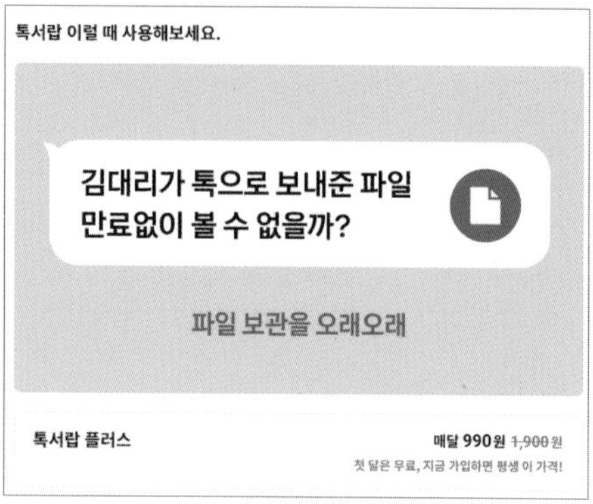


그 외에 퍼블리publy.co라는 사이트에도 월 비용을 지불하고 정기구독을 하고 있습니다. 마케터들 사이에서는 나름 인지도가 높은데요. 현업 마케터들이 필드에서 실무를 겪으면서 깨달은 노하우를 칼럼으로 연재합니다. 공허한 이론이 아니라 실무와 밀접한 콘텐츠가 많아서 경제신문 구독하듯이 돈을 낼 가치가 충분하다고 느끼고 있습니다.

퍼블리 구독 사례

자동차 분야 역시 마찬가지입니다. 기존의 렌탈 방식에서 이제는 매달 고급 자동차를 바꿔가며 탈 수 있는 이른바 '렌털 진화형 모델'이 등장했습니다. 월정액 비용을 내면 소형차부터 중형차, 수입차까지 차량 등급에 따라 매달 비용을 내고 타고 싶은 차량을 매달 바꾸어 가며 탈

위메프 무제한 커피 월 결제

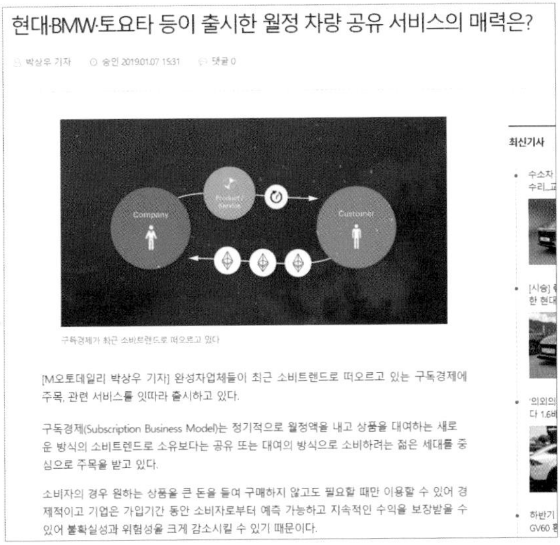

현대·BMW·토요타 등이 출시한 월정 차량 공유 서비스의 매력은?

박상우 기자 승인 2019.01.07 15:31 댓글 0



구독경제가 최근 소비트렌드로 떠오르고 있다

[M오토데일리 박상우 기자] 완성차업체들이 최근 소비트렌드로 떠오르고 있는 구독경제에 주목, 관련 서비스를 잇따라 출시하고 있다.

구독경제(Subscription Business Model)는 정기적으로 월정액을 내고 상품을 대여하는 새로운 방식의 소비트렌드로 소유보다는 공유 또는 대여의 방식으로 소비하려는 젊은 세대를 중심으로 주목을 받고 있다.

소비자의 경우 원하는 상품을 큰 돈을 들여 구매하지 않고도 필요할 때만 이용할 수 있어 경제적이고 기업은 가입기간 동안 소비자로부터 예측 가능하고 지속적인 수익을 보장받을 수 있어 불확실성과 위험성을 크게 감소시킬 수 있기 때문이다.

최신기사

출처: https://www.autodaily.co.kr/news/articleView.html?idxno=406952

자동차 구독경제 차량

수 있습니다. 벤츠, BMW, 포르쉐, 현대 등 많은 자동차 업체가 매달 바꿔가며 차를 탈 수 있는 서비스를 추진하고 있습니다.

몇 년 전 유명한 자동차 기자분과 식사 자리가 있었을 때 실제 들었던 이야기입니다. 막 전기차 테슬라가 우리나라에 들어올 때 자율주행의 정확성과 안전성 관련해서 이슈가 될 때였습니다. 그런데 정말 상상하지 못했던 얘기를 해주셨는데요. 현재 자율주행이 안전하지 못하다는 게 도로에 사람과 인공지능이 같이 운전하기 때문이라고 하셨습니다. 만약 언젠가 도로에 모든 차량이 자율주행이 된다면 사람이 운전하는 사고보다 현격히 사고는 줄어들 것이고, 사람이 운전하고 싶다면 자동차 경기장 같은 인제 스타디움에서 돈을 내고 운전해보는 경험을 한다는 것입니다. 자동차를 소유한다는 것 자체가 미래의 어느 시점에서는 없어질 것이고 정말 운송수단의 역할만 할 것이라는 것이었습니다. 이러한 기자님의 말씀에 크게 공감했습니다.

전통적인 소유란 개념이 없어지고 있는 현장은 특히나 젊은 층부터 드러나고 있습니다. 구독경제의 소비자 확산은 제한된 자원과 비용으로 최고의 만족을 얻기 위한 새로운 현상입니다. '소유의 종말'이라는 말도 있는 것처럼, 우리가 사용하고 경험하는 모든 것에 구매, 소유라는 것이 앞으로 더욱더 많이 사라지지 않을까 하는 생각이 듭니다.

이렇듯 사업 아이템에 따라 자사 서비스에 구독경제 모델을 더하면 큰 장점이 될 수 있습니다. 혹시 '내 서비스를 구독경제 방식으로 팔아볼 수 있을까?' 하고 한 번쯤 고려해보시면 좋을 것 같습니다. 그런데 똑같은 구독경제 모델도 어떤 시각에서 보느냐에 따라 서비스의 장점으로 볼 수도 있고, 서비스의 단점으로 볼 수도 있습니다. 다음 장에서는 구독경제 서비스로 시장의 단점을 극복한 사례에 대해 소개하겠습니다.

## 서비스의 장점 테이크 오프 트레이닝

내 사업이 제품의 차별화가 힘들다면 새로운 서비스를 더해서 차별화할 수 없을지 생각해봅시다.

**1 경쟁사는 고객에게 어떤 서비스를 하고 있을까요?**

**2 내 서비스가 경쟁사보다 차별화된 장점은 무엇이 있을까요?**

**3 고객은 내가 제공하는 서비스의 어떤 특장점을 좋아할까요?**

4 좀 더 고객의 마음에 들기 위해 차별화된 서비스로 바꿔볼 수는 없을까요?

5 서비스를 공신력 있게 특허 출원할 수는 없을까요?

6 내 서비스에 정기결제(월 결제)를 도입할 수 있을까요?

CHAPTER 2

# 서비스의 단점(-)을 과감하게 빼라

01

# 시장의 단점을 극복하는 서비스를 하라

서비스의 단점은 제품의 단점과 비슷하게 업계의 마이너스 요소를 빼버림으로 차별화를 만드는 방법입니다. 기존 서비스의 문제점을 개선한 서비스를 출시하면 되겠죠? 서비스의 단점을 설명할 때 제가 자주 소개하는 사례가 T 애플리케이션입니다. 대부분의 경우 헬스, 요가, 필라테스 등의 운동을 하려면 전문 체육관에 장기 결제를 해야 할인 폭이 커집니다. 어쩔 수 없이 장기등록을 하면 기간을 다 채워야 손해가 없어서 한 운동만 계속하게 되고 다양한 운동을 하기가 어렵습니다.

T 애플리케이션은 일단 앱에서 결제하면 내가 지정한 지역 반경에서 애플리케이션에 가맹된 헬스장, 수영장, 요가, 필라테스, 권투 등 다양한 운동 서비스를 기간에 구애받지 않고 이용할 수 있습니다. 그날 기분에 따라 내가 원하는 운동을 하고 싶은데도 불구하고 경제적 이유로

한 가지 운동만 해야 하는 업계의 마이너스 요소를 보완한 플랫폼 서비스라 할 수 있습니다.

안타깝게도 지금은 회사의 내부적인 문제로 서비스가 종료되었지만, 저는 그 발상과 기획 자체는 틀리지 않았다고 생각합니다. 사실 운동업계에서는 이런 플랫폼이 재등장하는 것을 반기는 분위기는 아닙니다. 지금 〈배달의 민족〉의 규모가 커지면서 자영업자에 관한 갑질이 이슈가 되고 있죠? 이와 비슷한 일이 생기지 않을까 하는 우려가 있는 것입니다.

그러나 소비자 입장에서 편리한 플랫폼 서비스 시장이 커지는 것은 막을 수 없는 시대의 흐름입니다. 일반 소비자들은 같은 헬스장만 계속 다니는 것보다 같은 비용으로 다양한 운동하기를 원합니다. 추후 법적인 한계가 원만하게 해결되면 T 애플리케이션 보다 좋은 서비스 플랫폼이 자리 잡을 것입니다.

T 애플리케이션 이야기가 나온 김에 운동 이야기를 좀 더 해보겠습니다. 코로나 19의 확산으로 많은 자영업자가 문을 닫게 되면서 가슴 아픈 사연이 뉴스 기사로 자주 보였습니다. 지금도 한 기사가 기억나는데요. 자영업자들이 유튜브에 '폐업 브이로그V-log'를 찍어서 올린다는 내용이었습니다.

임대료가 밀려서 눈물을 머금고 가게를 정리하고 폐업신고 및 철거하는 과정을 동영상으로 찍어서 공유하는 것입니다. '힘든 세상에 위로와 공감을 나누고, 폐업에 관한 정보공유를 위해 이런 주제도 콘텐츠화가 되는구나' 싶어 참으로 착잡하기 그지없었습니다.

개중에 소위 말하는 '웃을 수도 울 수도 없는' 사연이 하나 있었습니다. 한 헬스 트레이너가 헬스장을 창업했는데 코로나 19 때문에 손님이 오지 않자 운동 방송을 그만두고 먹방 BJ로 변신한 것입니다. 트레이너들은 근육을 만들기 위해 평소 엄격하게 체지방 관리를 합니다. 닭가슴살과 단백질 쉐이크를 주로 섭취하고 칼로리가 높은 치킨, 피자, 족발, 떡볶이 같은 음식은 엄격하게 절제하죠.

이 트레이너는 어차피 손님도 오지 않는 거 자포자기한 심정으로 '타락한 헬스 트레이너'를 콘셉트로 잡아 온갖 몸에 안 좋지만 맛있는 음식들을 먹기 시작했습니다. 살면서 치즈볼을 처음 먹어보는데 이렇게 맛있는 줄 몰랐다면서 '이래서 우리 회원들이 다이어트를 힘들어 했었군요. 이제야 이해가 갑니다'라는 리액션이 대박을 터뜨렸습니다.

최근 근황을 들어보니 먹방 BJ를 하면서 벌어들인 유튜브 수입으로 적자를 면했지만, 그 반동으로 살이 100킬로그램 가까이 불어났다고 합니다. 다시 원래의 몸짱으로 복귀하기 위한 체중 감량 운동을 콘텐츠화할 계획이라고 합니다.

한편 어떤 트레이너는 기업들이 줌Zoom, 알서포트로 원격 화상 회의를 한다는 점에 착안해서 퍼스널 트레이닝을 비대면 원격 서비스로 전환했습니다. 같은 위기 속에서도 단점을 어떻게 극복하느냐에 따라 위기는 기회가 될 수도 있으니 힘들다고, 잘 안된다고 섣불리 포기하는 일이 없길 바랍니다.

02

# 단점은 구독경제로 보완하라

서비스의 장점 부분에서 구독경제에 관해 말씀드렸는데요. 자사의 서비스에 구독경제 모델을 추가하는 방법도 있지만, 소비자의 불만이나 업계의 고질병을 구독경제 형태로 극복한 사례도 있습니다. 앞에 소개한 같은 구독경제지만 후자는 서비스의 단점에 해당합니다. 업계의 새로운 서비스를 구독 형태로 만든 것이 장점이라면 기존의 불만사항, 애로사항 등을 구독의 형태로 바꿔놓은 형태입니다.

구독경제 서비스의 2가지 활용법

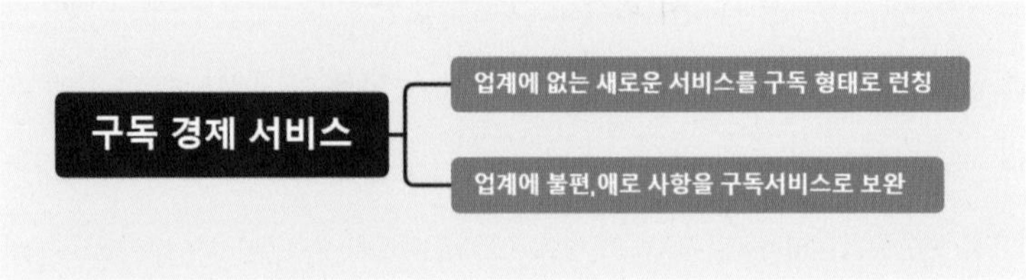

면도용품 구독 사례

대표적으로 면도날 구독경제 스타트업인 Y 사가 있습니다. 대부분 남성분은 업계 유명 브랜드 G사 면도기를 많이 사용할 것입니다. 이에 대해 Y 사는 대기업 면도용품은 가격에 유통마진과 브랜드 거품이 반영되어서 비쌀 수밖에 없다고 지적합니다. 월 비용을 결제하면 G 사와 대등한 수준의 면도날을 정기적으로 배송해준다며 시간과 비용을 아낄 수 있다고 어필했죠. 주기적으로 면도날을 사러 가기 귀찮은 소비자의 불만과 가격이 비싸다는 시장의 문제를 구독경제 서비스로 해소한 것입니다.

쿠팡에서도 비슷하게 서비스의 단점을 구독경제로 해결했습니다.

쿠팡 구독경제 예시

쿠팡에서 물건을 사다 보면 어떤 곳은 무료배송을 해주는데, 어떤 곳은 무료배송 지원이 안 됩니다. 그런데 쿠팡에 월 2,900원을 내면 3만 원 이상의 결제에 대해서 무조건 무료배송을 받을 수 있습니다. 평소 쿠팡에서 대량구매를 자주 한다면 구독료를 내는 편이 오히려 돈을 아낄 수 있는 것입니다. '위기는 곧 기회'라는 말이 있는 것처럼, 내가 몸담은 업계나 현재 환경의 마이너스 요소도 어떻게 빼느냐에 따라 새로운 비즈니스가 탄생할 수 있습니다. 지금은 너무나 당연한 저비용 항공사LCC도 처음에는 '항공권이 너무 비싸다는 소비자의 불만을 어떻게 해결할까?' 하는 고민 끝에 탄생했습니다.

코로나 19로 여행길이 막히자 위기에 빠진 호텔들은 호텔 서비스를 고객이 원하는 곳에서 즐길 수 있는 구독 서비스를 출시했습니다. 대표

롯데호텔 구독경제 예시

매일경제

**롯데호텔도 정기구독 서비스...커피·와인·케이크 배송**

롯데호텔도 정기구독 서비스...커피·와인·케이크 배송. 입력 2021/06/14 11:46. 0. 공유하기. 글자크기. 가 작게; 가 보통; 가 크게; 가 아주크게; 가 최대크게.

1개월 전

적으로 롯데호텔의 경우 호텔에 와야만 즐길 수 있는 레스토랑 메뉴를 도시락으로 만들어서 드라이브 스루로 판매함으로 위기를 기회로 만들려고 노력하고 있습니다. 시장의 오랜 관습이나 서비스의 단점에 대해 일찌감치 포기하지 마시고 차별화를 통해 새로운 비즈니스를 만드는 발판으로 삼으셨으면 좋겠습니다.

## 서비스의 단점 테이크 오프 트레이닝

나 혹은 우리 회사 사업 아이템을 둘러싼 소비자들의 인식 및 환경에서 마이너스가 되는 요소를 빼거나 극복해서 차별화할 방법을 생각해봅시다.

**1 나 혹은 우리 회사 서비스의 단점은 무엇이며, 개선할 수 있을까요?**

**2 서비스의 단점을 장점으로 역전시킬 아이디어가 있을까요?**

**3 고객의 애로사항, 문제점을 어떤 서비스로 해결할 수 있을까요?**

4 업계에 오래된 관행이 개선된다면 소비자에게 득이 되는 서비스는 무엇이 있을까요?

5 경쟁사랑 비교했을 때 우리 서비스가 약한 부분은 무엇이 있을까요?

6 서비스에 정기구독을 도입해 시장의 문제를 개선할 수 있을까요?

CHAPTER 3

# 서비스에 서비스를 결합(×)하라

01

# 서비스에 다른 요소의 서비스를 결합하라

제품에 다른 제품, 서비스, 사람을 결합하면 좋은 결과로 이끌 수 있었던 것처럼, 서비스 역시 다른 제품, 서비스, 사람을 결합해 새로운 비즈니스를 만들 수 있습니다. 서비스에 무엇을 결합하느냐에 따라 다양한 차별화가 가능합니다. 지금부터 하나씩 살펴보겠습니다.

가장 먼저 예로 들 곳은 제가 가끔 들르는 신림동의 유명한 돈가스 맛집입니다. 맛도 맛이지만 이곳에서만 볼 수 있는 특별하고 재미난 서비스가 있어서 항상 손님으로 북적이죠. 여기는 어마어마하게 큰 대왕 돈가스를 팝니다. 무시무시한 크기의 돈가스를 몇 분 안에 다 먹느냐에 따라 무료 쿠폰을 지급합니다. 시간 안에 대왕 돈가스와 매운 돈가스를 다 먹는 도전에 성공한 사람은 식당 안에 있는 명예의 전당에 사진이 올라갑니다. 돈가스를 맛으로 먹는 것이 아닙니다. 이색 도

먹방 유튜버들의 도전 콘텐츠

전을 하러 오는 것입니다.

누가 도전하러 올까요? 젊은 층의 소비자들과 유튜버, 아프리카TV의 BJ들이 도전하러 갑니다. 이들은 계속해서 이슈가 되는 영상을 올려서 조회 수를 확보해야 하니까요. 자연스럽게 가게가 바이럴 마케팅이 되어서 영상을 보고 '전국에서 밥 좀 잘 먹는다'라고 자부하는 일반인들이 '내가 얼마나 식성이 좋은데 저걸 5분 안에 못 먹겠어?' 하고 찾아갑니다.

앞서 미용실 사례에서 말씀드린 바와 같이 요즘은 어떤 업종이든 시장이 포화상태라 미용실이 머리 잘 자르고, 식당이 단지 밥이 맛있다고 사람들이 찾아오지 않습니다. 이제 이런 것들은 당연한 기본이 된 겁니다. 충실한 기본기를 갖춘 상태에서 플러스알파가 결합하여서 이 가게

명예의 전당 1

명예의 전당 2

출처: https://blog.naver.com/lively_0/221895816604

돈까스 도전 메뉴

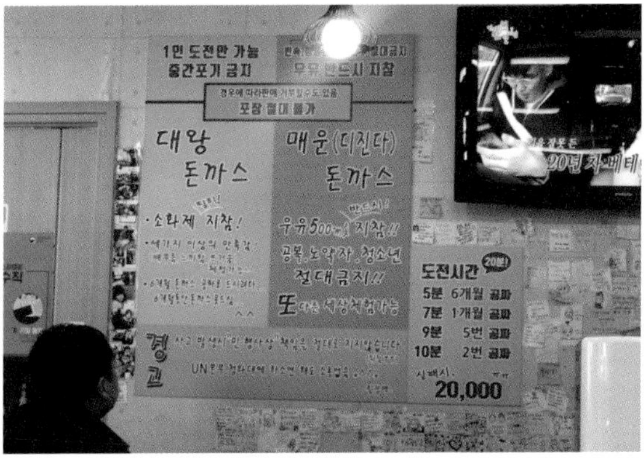


출처: https://blog.naver.com/lively_0/221895816604

만의 특별함이 생긴다면 멀리서도 손님이 찾아옵니다.

대박 식당을 만들기 위해서는 맛은 기본이고 다른 매장에서는 볼 수 없는 내 가게만의 특색이 있어야 합니다. 제주도에 가면 볶음밥을 산봉우리처럼 쌓아 올린 다음 위에다 달걀 물을 부어서 한라산 볶음밥을 만들어줍니다. 맛이야 다른 데서 파는 볶음밥과 큰 차이가 안 나지만 재

제주도 한라산 볶음밥

출처: https://blog.naver.com/gudwn1881/221793668132

맜기도 하고 비주얼이 신기하니까 시키지 않아도 사람들이 사진을 찍어서 인스타그램에 공유합니다. 엔진이 좋으면 큰 공을 들이지 않더라도 비행기는 알아서 날아오르는 법입니다.

또 다른 서비스 결합 사례를 소개해드리겠습니다. 혹시 '시가 바'라고 들어보셨나요? 원래는 위스키를 즐기는 술집인데 바Bar라는 형태에 시가라는 아이템을 결합했습니다. 월 멤버십 비용을 지급하면 개인 사물함을 사용할 권리를 줍니다. 전 세계의 시가 가운데 자신이 즐겨 피우는 종류를 선택해 시가 전문 사물함에 보관할 수 있습니다. 그리고 언제 방문하더라도 시가를 잘 음미할 수 있도록 시가에 정통한 시가 매니

저가 회원들의 시가를 항상 최상의 상태로 관리해줍니다.

사실 우리나라에서 시가는 대중적인 아이템은 아닙니다. 그런데 직업상 해외를 자주 다니는 분들 그리고 유학생들이 시가를 접하면서 마니아가 된다고 합니다. 시가는 일반 담배보다도 냄새가 독하기에 집에서 편하게 피우기가 힘듭니다. 시가를 좋아하시는 분들이라면 시가를 피워도 괜찮도록 허용된 시가 바Bar에서 위스키를 곁들여서 피우는 편이 좋다고 하더군요. 서울 시내에서 흔히 볼 수 있는 바와 비교해서 시가 바만의 독특한 색이 있기에 항상 시가 마니아들로 가게가 북적인다고 합니다.

저 또한 지인분들과 함께 호기심으로 방문해서 처음 시가라는 것을 경험했습니다. 그때 '아, 시가라는 게 이런 거구나' 싶었습니다. 시가도

시가바 내부 모습

출처: https://blog.naver.com/b_612ro/221680987128

시가바 내부 모습 2

출처: https://m.blog.naver.com/PostView.naver?isHttpsRedirect=true&blogId=yailey&logNo=221380465231

시가바 멤버십

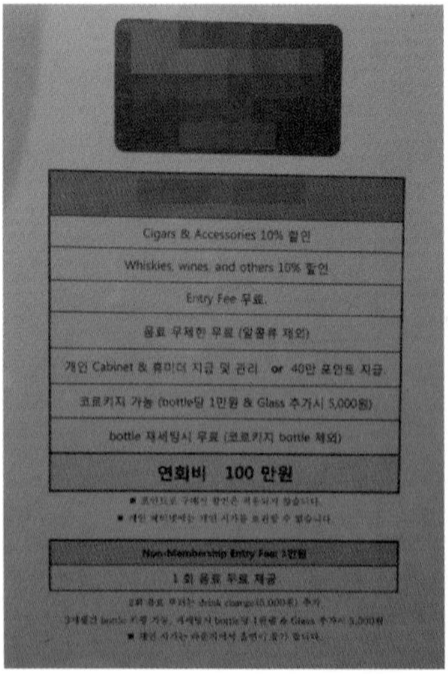

맛이 정말 많이 있고 어떻게 피워야 하는지 아직도 기억이 생생히 나는 재미있던 추억입니다. 제가 아직도 이렇게 기억을 하는 것은 분명 다른 곳에서 쉽게 경험하기 힘들었기 때문입니다. 누구나 쉽고 흔하게 경험할 수 있는 것은 차별성을 가지기가 힘듭니다. 그러므로 독특하든, 재미있든, 추억을 만들 수 있는 여러 가지 차별화될 만한 요소를 반드시 만들어야 합니다.

02

# 서비스에 나만의 콘텐츠를 연결해보라

지금까지 서비스에 서비스(돈가스 챌린지)를 결합하거나 다른 제품(시가)을 결합하는 사례를 말씀드렸습니다. 지금부터는 서비스에 사람을 결합한 사례도 소개하겠습니다. 제가 오랜 기간 마케팅 대행을 해드렸던 병원이 한 곳 있습니다. 내과 원장님이신데 고도비만 다이어트에 대해

내과 원장님의 다이어트 세미나 예시

국내 최고 권위자이십니다. 검색포털과 SNS 마케팅만 도와드렸는데도 제법 성과가 났지만, 여기에 정말 고도비만으로 고민이 많은 사람을 위한 세미나를 개최하자고 제안을 드렸습니다.

환자가 항상 아쉬움을 느끼는 점이 의사로부터 내 병에 대해 긴 설명을 듣지 못한다는 것입니다. 그리고 병원 원장님이 일반인 앞에서 세미나를 하는 경우가 많지 않고 텔레비전 방송이나 인터넷 자료로만 보니 잘못된 정도들도 꽤 소비자들에게 고민이었던 것을 병원 원장님이 직접 세미나를 진행하면 이런 갈증을 해소할 수 있을 거로 생각했고 반응이 좋을 거라 예상했습니다.

세미나 신청자 사례

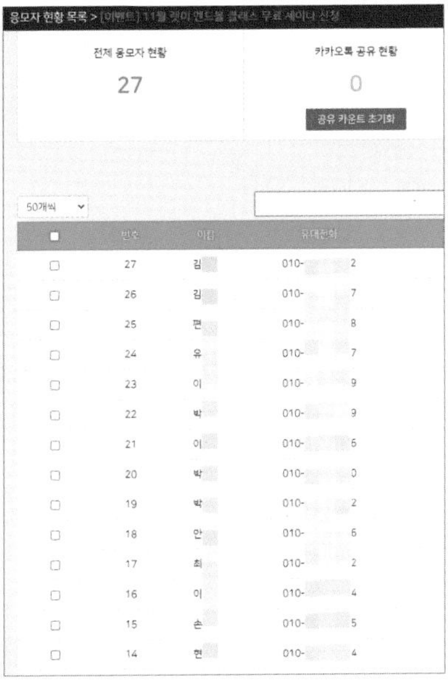

생각보다 반응은 기대 이상이었습니다. 고도비만 세미나를 매달 개최하였고 예상대로 강연회를 들은 사람들의 반응도 좋았습니다. 실제 세미나 오신 분들이 다이어트프로그램에 신청을 많이 하였습니다. 많은 병원이 시스템적이고 매출 부분에 의존도가 높다 보니 원장님과 진료받을 때가 아니면 원장님을 만나기 전 사전 상담실장님과 소통이 좀

다이어트 세미나의 모습

더 많아지는 아쉬움을 원장님이 직접 다 같이 소통할 수 있게끔 해준 것이 좋은 반응을 불러일으켰습니다.

전문지식이 깊은 원장님이 직접 고도비만의 원인과 해결책까지 긴 시간에 걸쳐 논리적으로 설명을 해줬으며, 세미나가 끝난 뒤 질의응답 시간에 궁금한 것을 질문해도 전부 상세하게 답변을 해주셨습니다. 그러니 소비자들이 좋아할 수밖에 없었습니다. 세미나만 듣고서 그 자리에서 시술을 결정하는 사람부터, 세미나를 통해 관계가 구축되자 동네 병원 대신에 일부러 원장님의 병원으로 가는 사람까지 생길 정도로 효과가 좋았던 마케팅 캠페인이었습니다.

## 서비스의 결합 테이크 오프 트레이닝

나 혹은 우리 회사 서비스에 다른 제품, 서비스, 사람을 결합해서 차별화할 방법을 생각해봅시다.

**1 서비스와 결합해서 시너지를 낼 수 있는 제품, 서비스는 무엇이 있을까요?**

**2 서비스와 결합해서 새로운 상품을 만들 수 있는 아이디어가 있을까요?**

**3 서비스를 홍보 또는 같이 협업, 판매해 줄 수 있는 인플루언서는 누가 있을까요?**

4 나 혹은 우리가 할 수 있는 멤버십 또는 VIP 서비스는 무엇이 있을까요?

5 새로운 업체와 정기구독 서비스를 만들 수 있을까요?

6 소비자가 도전 의식과 팬을 확보할 수 있는 서비스는 무엇이 있을까요?

7 업계에 없는 새로운 서비스의 형태는 무엇이 있을까요?

CHAPTER 4

# 서비스를 서비스로 분할(÷)하라

01

# 큰 서비스를 작은 서비스로 나누어라

제품의 분할에서 살펴본 것처럼 서비스 역시 기존의 서비스를 나눠서 새로운 서비스를 만들 수 있습니다. 시간이 흐를 수록 고객의 기호,취향 그리고 니즈는 점점 다양해질 것입니다. 앞에서도 언급한 바와 같이 이제는 다수를 위한 소품종 대량생산이 아닌 소수를 위한 다품종 소량생산이 잘 팔리는 시대가 되었죠.

신용카드만 보더라도 예전에는 카드사가 내세우는 주력 카드 몇 장에 대부분 혜택이 주어졌지만 요즘은 금액, 용도, 라이프스타일 등에 따라 카드를 최대한 여러 장으로 분할하는 추세입니다. 현대카드의 경우 연회비 별로 그린, 레드, 퍼플, 블랙으로 단계를 나눴습니다.

요즘은 신용카드 종류가 너무 많아서 직장인들이 재테크를 할 때 통장 쪼개기도 아닌 '카드 쪼개기'를 한다고 합니다. 자신의 월 지출 비용에 맞춰서 밥 먹을 때 쓰는 카드, 차에 기름 넣을 때 쓰는 주유 카드 등 용도별로 가장 혜택이 좋은 신용카드를 조합해서 이익을 극대화합니다.

서비스의 분할에도 제품의 분할에서 보여드린 샘플 전략이 통용됩니다. 예전에 마케팅을 도와드린 S 스튜디오 사례입니다. 리마인드 웨딩 촬영 상품을 마케팅해서 적지 않은 매출을 올려드렸는데요. 상품 자체는 부부들의 만족도가 높았지만, 가격이 고가라서 심리적 부담감을 느낀다는 점이 아쉬웠습니다. 사장님이 바로 고객을 확보하기를 원하셔서 반응이 즉각적으로 나오는 SNS 마케팅부터 시작하기로 했고, SNS 채널 특징에 맞게끔 기존의 촬영 서비스를 나눠서 저가 제품을 만들었습니다. 딱 한 달간 이벤트를 열었는데 약 10일만에 150명이나 신청을 해주셨습니다.

스튜디오 서비스 분할 사례

또 현장에서 촬영이 끝나고 매니저와의 상담을 통해 원하는 고객만 사이즈를 변경할 수 있는 선택권을 제시했습니다. 그러자 80퍼센트에 달하는 고객님이 액자 사이즈의 크기 키우기를 희망했고 큰 매출을 올릴 수 있었습니다. 참고로 S 스튜디오 사장님은 서비스의 분할과 더불어 서비스의 결합도 같이하셨습니다. 스튜디오 사업 매출이 높아지면서 바로 옆에 카페를 추가로 개업하셨는데요. 저도 그후 방문해 보았는데 역시나  인테리어가 예뻐서 손님들이 많았습니다.

카페를 살펴보다 아쉬운점이 눈에 들어왔는데요. 스튜디오와 카페가 연결된 통로를 막아둔 걸 발견했습니다. 그래서 사장님에게 스튜디오의 아름다운 배경을 카페 손님들이 포토존으로 활용할 수 있게끔 개방하자고 제안하였습니다.

추가로 카페에서 3만 원 이상 커피와 식사를 드신 분들만 스튜디오에서 흑백사진을 무료로 찍어드리는 서비스를 결합했습니다. 워낙 스튜디오 배경이 잘 되어있어서 '인스타그램 사진 각'이 잘 나오기에 손님들의 만족도가 높았고, 이것이 SNS로 입소문을 타서 커플들이 데이트코스로 스튜디오 & 카페에 찾아오게 되었습니다. 단순히 음료와 브런치를 파는 카페를 넘어서서 추억이 사진을 찍을 수 있는 카페로 차별화에 성공한 것입니다. 최근에는 카페 2호점을 추가로 오픈하셨다고 합니다. 이렇듯 주력 서비스뿐만이 아니라 고객이 좋아할 만한 서비스를 찾고 나누어 차별화를 시도해보시기 바랍니다.

02

# 추천인 코드로 나눈 서비스를 고객에게 나눠줘라

서비스의 분할과 관련해서 생각해볼 아이디어 한 가지를 더 말씀드리겠습니다. 요즘 홈페이지 가입 시 많이들 사용하고 있는 바로 '추천인 코드'입니다. 아시다시피 추천인 코드는 잘만 활용하면 회사가 수고를 들이지 않고도 고객이 고객을 불러오게끔 만들 수 있는 훌륭한 마케팅 방법입니다. 물론 뉴스에도 자주 나온 H사처럼 안 좋은 다단계 사례도 있습니다. 그러나 여기서는 추천인 코드를 악용하지 않고 긍정적으로 활용한 예시를 소개해드리겠습니다.

저는 몇 년 전부터 건강관리를 위해 운동을 시작했습니다. 사업과 교육을 하는 입장에서 건강과 체력이 곧 재산인데 나이가 30대 중반이 넘어가니 20대 때와는 다르게 관리의 필요성을 절실히 느끼게 되더군요. 운동을 시작하자 자연스럽게 프로틴 보충제, 닭가슴살, 비타민 영양제를 챙겨 먹게 되었습니다. 혹시 마이프로틴, 아이허브, 미트리를 들어보셨나요? 운동하는 사람들 사이에서는 나름 유명한 단백질 보충제, 비타민, 닭가슴살 회사입니다. 이 세 회사의 공통점은 추천인 코드를 마케팅에 적극적으로 활용한다는 점입니다.

사람들이 자기가 산 제품을 남들에게 추천하게 만들려면 어떻게 해야 할까요? 간단합니다. 기존 소비자가 다른 소비자에게 추천했다면 양측 모두에게 혜택이 주어지는 시스템을 만들면 됩니다. 마이프로틴, 아이허브, 미트리의 제품은 추천인 코드를 입력해서 구매하면 추천인과 구매자 모두 할인 혹은 마일리지 적립 혜택을 받습니다.

추천해주는 기존 소비자나 추천을 받아서 구매하는 신규 소비자나 모두 윈윈이니까 안 할 이유가 없는 것이죠. 내 사업에 추천인 서비스를 만들고, 이를 기존 구매자들에게 코드로 나눠서 나눠주자 이들이 알아서 회사의 영업사원이 되어주는 것입니다.

이 방법은 정기적으로 소비하는 아이템에 특히 효과적입니다. 운동을 꾸준히 하는 사람들 입장에서 프로틴, 비타민, 닭가슴살을 꾸준히 구매해서 먹을 수밖에 없습니다. 그리고 운동하는 사람들은 똑같이 운동하는 사람들끼리 어울릴 가능성이 큽니다. 나와 내 주변 친구, 지인 모두가 혜택을 받을 수 있는 추천인 코드 서비스가 있다면 자연스럽게 이 정보를 알려주고 함께 할인 또는 포인트 적립을 받자고 권유하겠죠? 그 결과 오프라인에서 입소문 효과가 번지며 고객이 고객을 데려오는 선순환이 일어나는 것입니다.

마이프로틴 추천인 코드 사례

이런 바이럴 효과는 오프라인으로 끝나지 않습니다. 제가 예시로 든 3개의 회사 중 마이프로틴의 경우는 네이버에 '마이프로틴'이라고 검색하면 연관 검색어 중에 '마이프로틴 할인 코드'가 뜹니다. 이렇듯 매일 할인 코드 또는 자사의 코드를 넣게 해서 소비자들끼리 혜택을 더 받을 수 있도록 입소문 마케팅(바이럴)을 하는 것입니다.

소비자로서는 할인 코드를 무조건 넣어야 할인 구조이기에 마이프로틴, 아이허브, 미트리 제품을 쓰는 사람들은 할인 코드의 이득을 알고 자신의 블로그에 내가 이런 보충제, 비타민, 닭가슴살을 먹고 있다며 자기의 추천인 코드를 입력해서 서로 혜택을 받자고 후기를 올립니다. '마이프로틴 7월 할인 코드'라고 포털에 검색하면 많은 사람이 관련 포스팅을 쓴 내역을 확인할 수 있습니다.

검색포털로 끝이 아닙니다. 여러 헬스 유튜버의 경우 운동 영상을 올리면서 영상 설명글에 마이프로틴, 아이허브 추천인 코드를 같이 올립니다. 구독자, 조회 수가 많은 인플루언서들이 이렇게 자사 제품을 알아서 언급해주고, 홈페이지 주소를 남겨놓는다면 자신의 이득도 있겠지만 회사가 자연스럽게 홍보가 되니 판매에 큰 도움이 되겠죠?

물론 추천인 코드 전략이 모든 아이템에 적합하지는 않습니다. 휴대용 정수기 관련 업체의 광고를 진행하면서 추천인 코드 등을 이용하려 했습니다. 정수기에 들어가는 필터를 3개월마다 교체해야 하는데 이것을 응용하여 '추천인 코드를 이용해서 마케팅하면 어떨까?' 하는 생각을 했는데요. 하지만 3개월이라는 긴 기간 1년간 실제 4번밖에 구매를 유도할 수밖에 없다 보니 실제로 적용되는데는 난관이 있었습니다.

최근 화상 유아 교육회사 경우도 실제 소비자는 유아지만 구매자분들이 어머니 분들이셔서 바이럴 효과가 큰어머니 대상의 추천인 코드

마이프로틴 추천인 코드 사례

마케팅 제안을 했고 본사에서 너무나도 좋은 아이디어 평가를 받았습니다. 담당자분들이 할인 코드 마케팅을 시행하기 위해서 많은 노력을 했지만 결국 회사 여러 내부 정책으로 적용이 되지 못했습니다. 큰 규모의 회사일수록 기존의 시스템에서 새롭게 시스템을 적용하기란 쉬운 일이 아닐 수 있습니다.

일상적으로 자주 소비되어야 하고, 변경되기 전 기존의 서비스가 꽤 오랫동안 전통적으로 뿌리 내려져 있다면 위험성도 감수해야 합니다. 품질도 확실해야만 단골손님들이 신규 고객을 데려올 것이기 때문입니다. 제품의 소비성의 재구매율이 높고 주기가 빠르다면 꼭 할인코드 부여 방법을 고려해보시면 좋겠습니다.

## 서비스의 분할 테이크 오프 트레이닝

나 혹은 우리 회사가 제공하는 서비스를 나눠서 새로운 서비스를 만들 수 있는지 생각해봅시다.

1 서비스를 나눠 체험상품(미끼 상품)을 만들 수 있을까요?

2 서비스를 나눠서 판매해볼 수는 없을까요?

3 서비스의 여러 장점 중에 하나에 집중해서 특화할 수 있을까요?

4 고객 1:1 개인 맞춤형 서비스를 만들 수 있을까요?

5 소비자의 결제방식을 월납으로 바꿀 수 없을까요?

6 추천인 코드를 만들어서 소비자들에게 나눌 수 없을까요?

# TAKE OFF

PART 4

# 독보적인 사람의 차별화를 위한 4가지 방법

CHAPTER 1

# 사람의 장점(+)을 강조하고 단점(-)을 보완하라

01

# 남들보다 앞서나가는 콘텐츠를 내세워라

차별화를 시작할 때 제일 먼저 고려할 것은 '제품의 차별화'입니다. 하지만 가장 어려운 부분도 제품의 차별화입니다. 제품에서 뾰족한 차별화가 당장 없다면 서비스의 차별화를 생각할 수 있습니다. 그런데 아이템에 따라 서비스의 차별화마저도 여의치 않을 때가 있습니다. 이럴 때 마지막으로 살펴보는 것이 '사람의 차별화'입니다. 몇 년 전부터 퍼스널 브랜딩이 트렌드가 되고 있습니다. 새로운 제품을 출시해서 어느 정도 판매가 되고 유통이 되기 시작하면 경험상 6개월에서 1년 이내에 경쟁사가 등장하거나 저가의 카피 제품이 시장에 풀립니다. 특허를 내더라도 10년이 지나면 기간이 만료됩니다. 좋은 서비스를 출시해도 바로 벤치마킹해서 따라 하는 카피캣이 나타납니다.

이처럼 제품과 서비스는 남들이 쉽게 모방하고 흉내 내며 따라 할 수 있습니다. 하지만 사람은 다릅니다. 그 사람의 고유한 개성, 인격, 스토리는 복제할 수 없습니다. 그래서 최근 각 분야의 마케팅 콘텐츠를 보면 제품과 서비스를 만드는 CEO, 개발자가 직접 공식 석상에 나와서 자신의 얼굴과 경력을 공개하고 회사의 스토리를 이야기하며 브랜딩을 하는 걸 볼 수 있습니다.

최근 많은 스타트업이 와디즈(www.wadiz.kr)를 통해 크라우드 펀딩으로 사업을 시작합니다. 와디즈에 입점한 회사를 보면 보통 업계에서 꾸준히 뭔가를 연구하고, 고민하며 활동해온 경력이 있는 분들이 많으며 이들의 커리어와 스토리가 창업으로 이어지는 경우가 많습니다.

외부강의를 자주 다니다 보면 정말 한 업계에서 많은 업적과 감탄사가 절로나오는 업계의 장인이라고 할 수 있는 대표님들이 많이 계십니

와디즈 크라우드 펀딩

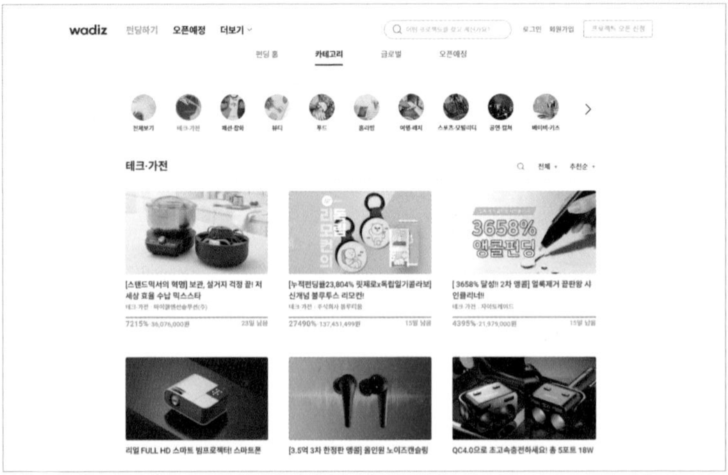

다. 언젠가 외부 강의를 나갔을 때입니다. 강의가 끝나고 한 대표님께서 명함 한 장을 주시면서 본인이 제품을 만들기만 해봤지 판매를 안 해봤다고 하시면서 얘기를 해주셨는데 알고 보니 안경만 30년 가까이 제조, 연구하셨던 대표님이셨습니다. 실제 국내 특허, 세계특허 등을 가지고 계시지만 직접 판매를 안해보셔서 B2B로 큰 이윤 없이 납품만 하고 계신다고 하셨습니다. 그런데 본인한테 안경을 가져가는 판매회사는 본인의 제품으로 마케팅을 해서 더 큰 수익을 내고 있다고 하시면서 직접 하려면 어떻게 해야 하는지 여쭤보셨습니다.

가장 좋은 방법은 무엇일까요? 맞습니다. 큰예산을 가지고 홍보하는 대기업을 이기기위해서는 바로 본인이 홍보에 앞장서야 합니다. 30년 넘는 안경의 장인이란 어필이 필요합니다. 특허 그리고 국내 유명한 안경 제품들이 알고 보니 대표님의 연구 아이디어였습니다. 여기에 더해 직접 판매로 인해서 유통 이윤이 없어 가격까지 저렴하다면 충분히 호감을 주지 않을까요? 이렇듯 업계에서 자신이 장점으로 어필할 수 있는 차별화가 있다면 무조건 홍보하셔야 하며 그런 능력이 아직 없다면 지금이라도 꾸준히 만들면 되지 않을까요?

M 교육회사가 사람의 차별화로 크게 성장한 대표사례입니다. 각 과목 인기 강사의 수업에 엄청나게 많은 학생이 몰립니다. 고등학교 3학년 학생에게 온라인으로 어떤 영어 선생님의 수업을 듣느냐고 물으면 각자 다른 이유로 다른 선생님의 이름을 말합니다. 자기가 듣는 영어 선생님이 최고라고 학생들끼리 논쟁을 벌이기도 하고, 성적이 떨어진

학생에게 자기 선생님의 수업을 안 들어서 성적이 그 모양이라고 농담도 합니다.

A 선생님은 말투와 목소리가 좋아서 수업을 듣는다, B 선생님은 중간중간 질리지 않게 재밌는 이야기를 해준다, C 선생님은 외모가 예뻐서 말 한마디 한마디에 집중하게 된다, D 선생님은 재미있는 옷을 입고 수업을 시작해서 좋다, E 선생님은 수업에만 열중하는 모습에서 진정성이 느껴진다…….

학생이 아니라 성인도 마찬가지입니다. 소통, 커뮤니케이션 분야에서 유명한 강사가 두 분 계십니다. M 강사와 C 강사입니다. 그런데 M 강사를 더 좋아하는 분이 계시고, C 강사를 더 좋아하는 분이 계십니다. 두 강사님의 콘텐츠는 비슷할 수 있습니다. 그런데도 팬층이 갈리는 이유는 두 강사님이 같은 주제를 말하지만 말투, 사례, 스토리텔링 등등 세세한 부분에서 각자의 매력이 다르기 때문입니다.

우리가 아프리카 TV의 BJ나 유튜버들을 볼 때도 크리에이터를 구독하는 이유가 있는 것처럼 사람의 매력은 가지각색이고 이는 대체가 불가능하며, 누군가가 흉내를 낸다면 원조를 따라 한다는 도장이 찍힐 수 있습니다. 제품과 서비스의 차별화와 달리 쉽게 모방할 수 없는 장점이 있기에 차별화 전략에 있어서 사람의 차별화가 점점 중요한 요소로 부상하고 있습니다.

사람이라는 요소 역시 장점, 단점, 결합, 분할 4가지 측면을 생각해볼 수 있습니다. 일단 장점은 나만의 특별함을 어필하는 것입니다. 앞서 말한 K 레스토랑 기억나시나요? K 레스토랑 사장님은 이탈리아 음식 경력만 30년인 베테랑 셰프입니다. 자신만의 확고한 요리 철학이 있으셔서 인공 조미료와 건면을 빼고 유기농 천연재료와 생면으로만 파스타를 만든다는 장인정신의 '사람의 장점'이 있었습니다.

사람의 장점이라는 차별화된 엔진이 있으면 날개를 붙여 마케팅하는 일도 쉽습니다. 있는 그대로를 공개해서 드러내면 되니까요. 같은 이탈리아 요리사 가운데 유명 정·재계 인사들이 단골로 들르는 가게의 총주방장을 맡은 커리어, 30년의 경험이라는 전문적인 타이틀을 가진 분들은 대한민국에 그리 많지 않을것입니다. 그렇다면 이것 또한 충분히 소비자에게 어필이 될것이고 차별화를 줄 수 있습니다.

이런 독보적인 부분을 홈페이지, 블로그, SNS 계정, 유튜브, 언론 기사 등에 노출하고, 전문성을 어필해야 합니다. 가끔 업계에서 대단한 성과를 이뤄낸 대표님이 컨설팅을 받으러 오시는 경우가 있습니다. 많은 분들이 아쉽게도 영광의 순간들을 커리어패스로 정리해두지 않습니다. 심지어 언론 촬영, 방송 촬영 등등 본인이 홍보할 수있는 수단들을 사양한 분도 계셨습니다. 쑥스럽게 굳이 방송까지 나가야 하냐, 잘난 척하는 것 같아서 마음이 불편하다고 말이죠. 충분히 이해가 가는 부분이지만, 마케팅에 있어서만큼은 커리어패스를 정리하는 것이 필요합니다. 만약에 아직 내가 내세울 만한 장점 또는 경력이 없다면 지금부터라도 만들기 시작해야 합니다.

혹시 한때 방송에서 유명하셨던 '폭탄주 이모'를  아시나요? 이름에

'포항 폭탄주 이모'관련 기사

오마이뉴스 2014.03.15. 네이버뉴스
국내 1%만 소지...'**폭탄주 이모**' 쏘맥자격증의 실체
[ ▲ **폭탄주 이모** 함순복(47)씨가 가진 플래티넘 쏘맥자격증은 지금까지 국내 375명에게 발급됐다. 싸이 등 유명인사에게 플래티넘 자격증이 발급되어 관심을 끌...

오마이뉴스 2014.03.13. 네이버뉴스
**폭탄주 이모** "먹고 살려다 보니 10년째"
인터넷에서는 '**폭탄주이모**'라는 검색어도 나왔다. **폭탄주 이모**... 인기폭발 ▲ 함순복씨 카카오스토리에 올린 개그맨 김기리(위), 노우진(아래)과 함께 찍은 사진. ©...

매일신문 2014.03.12. 네이버뉴스
개콘팀들도 "**폭탄주 이모**, 한잔!"...포항서 식당 운영 함순복 씨
인터넷에서 ₩'**폭탄주 이모**₩'로 유명해진 포항 다미촌 사장. 함순복 씨가 주류업체에서 선물한 ₩'폭탄주 제조 면허증₩'을 자랑하고 있다. 신동우 기자 포항 신동우...
[영상뉴스]유투브 스타 '**폭탄주 이모**' 유... 매일신문 2014.03.12. 네이버뉴스

위키트리 2014.09.30.
손님들 잡는 '포항 다미촌 **이모**' 폭탄주 필살기 6가지
'포항 다미촌 **이모**', '소맥 **이모**'로 불리는 **폭탄주** 제조의 달인 함순복 씨는 술을 잘 마시지 못한다. 지난 8월 동아일보 인터뷰에서 주량을 묻자 함 씨는 "술을 못 마...

쿠키뉴스 2014.09.25.
'포항 **폭탄주 이모**' 상 받았다
'포항 **폭탄주 이모**'로 불리한 함순복씨(왼쪽)가 '제41회 경상북도 관광의 날' 기념식에서 표창을 받고 환하게 웃고 있다. '**폭탄주 이모**'로 유명한 경북 포항의 함순복...

서 짐작할 수 있다시피 '폭탄주 조제'의 달인으로 유명한 분입니다. 당연히 이분도 처음부터 사람의 장점을 갖춘 건 아닙니다. 포항에서 고깃집을 하던 평범한 자영업자셨고, 어떻게 하면 고객들에게 색다른 무언가를 제공할 수 있을지를 계속 고민했다고 합니다. 고민 끝에 폭탄주 만드는 걸 연구하기 시작했습니다.

폭탄주에 대해 안 좋은 인식도 있지만, 전국의 모든 폭탄주를 연구하고 만들 수 있다면 이 역시 전문 분야 중 하나로 쳐줄 수 있지 않을까요? 식당 영업이 끝난 다음에도 밤마다 다양한 술로 다양한 폭탄주를 연구한 끝에 흔히들 아는 소맥을 넘어서 자신만의 다양한 폭탄주 레시피를

개발하셔서 회식 자리를 빛내주셨고, SNS 스타로 명성을 얻어서 주류회사에서 서로 광고모델로 모시려고 경쟁을 벌인 적도 있다고 합니다.

몇 년 전 광고 대행을 도와드렸던 필라테스 원장님이 계십니다. 원장님도 사람의 장점을 통해 테이크 오프가 가능했던 사례입니다. 요가와 필라테스 시장이 우리나라에 기지개를 핀 초창기 시절부터 활동해왔으며, 수많은 운동선수와 유명 연예인들의 재활 치료를 도운 경력이 있습니다.

센터에 원장님 외에도 강사가 많으나 항상 대표 원장님 수업에 사람이 몰린다고 합니다. 다른 강사보다 가격이 2배 이상 비싼데도 말입니다. 센터가 청담동에 위치하고 있는데 지역소비자 특성상 다소 비용이 나가더라도 유명하고 검증된 전문가에게 배우고 싶은 것이죠. 원장님의 전문성과 재활 치료 성공 사례라는 커리어패스를 콘텐츠로 제작해서 검색포털에 상위노출시키고, SNS 광고를 한 것만으로도 마케팅 효과를 크게 봤습니다.

사람의 장점을 갖추면 그 자체로 사업이 가능합니다. 일전에 마케팅 교육을 받았던 사장님께서는 중국에서 유통업을 오래 하셔서 광저우 시장 어디에 가야지 좋은 물건이 있고, 우리나라에 들여올 때 어떻게 해야 하며, 판매는 어떻게 하면 되는지 중국 유통의 처음부터 끝까지를 꿰고 계셨습니다.

그래서 기존에 하던 유통업은 유통업대로 하면서 새로운 사업을 시작하셨습니다. 중국 유통을 통해 쇼핑몰을 시작하려는 사람을 대상으로 자신의 노하우를 전수해주기 시작한 것입니다.

이제 막 유통업을 시작하는 사람은 어떤 제품을 유통해야 수익이 높은지 기준을 잘 모르고, 시장에서 좋은 제품을 발견해도 도매상들이 쉽사리 거래를 터주지 않습니다. 거래를 터도 좋은 조건으로 물건을 받을 수 없고 제품을 받아도 한국으로 갖고 들어가 팔기까지 시행착오가 많습니다.

경험과 인맥이 풍부한 멘토가 돈 되는 상품을 고르는 기준부터 시작해서 거래처도 소개해주고, 좋은 마진율로 물건을 받을 수 있도록 협상해주며 온갖 문제에 관한 대처법도 다 알려주니까 다소의 교육비를 내더라도 모든걸 한번에 배우고 싶다는 사람들이 제법 되었습니다.

또 하나 재미있는 사례가 있습니다. 제 지인의 아버님이 개인택시를 하십니다. 택시기사 경력만 20년이 넘었다고 하는데요. 놀라웠던건 평균적인 택시기사님 월급 2배이상을 버신다고 들었습니다.

자세한 이야기를 들어보니 20년 동안 운전을 하다 보니 경험이 누적되어서 이제는 어느 시간대에 서울 어디에 가면 장거리 주행 손님이 있는지를 훤히 안다는 것입니다. 대한민국 교통 트래픽의 요일별, 월별, 연별 사이클을 파악해서 돈의 흐름을 쫓을 수 있게 된 것이죠.

저는 이 기사님이 사람의 장점으로 창업할 수 있다고 봅니다. 이분의 경험은 이제 막 개인택시를 시작한 기사님에게는 굉장히 유용한 노하우입니다. '개인택시 사업으로 월 500만 원을 버는 비법'을 교과서, 강의, 개인 강습으로 만들어서 판매한다면 충분히 시장이 있다고 봅니다.

이제막 택시기사를 시작한 초보 택시기사 님들과 택시기사를 해도썩 월급이 높지 않는 분들에게 좋은 정보가 되겠지요.

## 사람의 장점 테이크 오프 트레이닝

나라는 사람의 장점을 극대화해서 차별화할 수 있을지 생각해봅시다.

1 나만이 할 수 있는 일은 무엇이 있을까요?

2 나만이 말할 수 있는 스토리는 무엇이 있을까요?

3 시장에서 나만이 가지는 경쟁우위가 있을까요?

4 경쟁자들은 하지 않는 새로운 시장의 기회가 있을까요?

5 나만의 캐릭터 콘텐츠를 잡을 수 없을까요?

6 강의, 학위, 수료증, 자격증, 수상내역 등으로 차별화할 수 있을까요?

02

# 단점을 보완하는 자기계발을 하라

사람의 단점은 나만의 퍼스널 브랜딩을 만드는 데 걸림돌이 되는 방해 요소를 보완하는 것입니다. 저도 다른 마케팅 강사, 마케팅 대행사와 차별화를 하기 위해 제품, 서비스, 사람 3가지 영역에서 항상 차별화를 고민합니다. 마케팅 강사만 놓고 보자면 저 역시 많은 단점이 있습니다. 항상 마케팅 대행과 교육 준비로 바빠서 새벽까지 일하다 보니 건강관리가 잘 안 되어서 급격도로 불어난 체중이 고민입니다.

가족들은 늘 신뢰가 느껴지려면 적당한 체중을 유지하라며 저에게 항상 살을 빼라고 말씀하십니다. 마케팅 강사는 강의를 잘하는 것이 기본이지만, 많은 사람 앞에 서야 하기에 겉으로 보이는 이미지도 결코 무시할 수 없습니다. 마치 우리가 PT를 알아볼 때 살찐 트레이너가 아닌 몸짱 트레이너를 선택하는 것처럼요.

강사로서 저의 강의 활동 모습

한 분야에서 10년 이상 경력을 쌓은 전문가가 사무실로 찾아올 때가 있습니다. 저는 그런 분들에게 지금 일을 더 잘하는 것도 물론 좋지만, 지금 일은 그대로 하시면서 강의 또는 교육으로 사업을 확장하면 어떻겠냐고 제안드리게 됩니다.

긍정적으로 검토하는 분도 계시지만, 어떤 분들은 성격이 내성적이라서 사람 앞에 나서는 것도 못 하겠고, TV에 나오는 유명 강사들처럼 언변이 뛰어나지도 않아서 불가능하다고 사양하십니다.

사실 저 또한 내성적인 편인데요. 강의를 한 지 벌써 7~8년 가까이 된 거 같습니다. 가끔 지인들이 많은 사람 앞에서 어떻게 강의를 잘하냐고 여쭤보시곤 합니다. 강의를 잘하는 방법은 강의내용을 정확히 머릿속에 숙지하고 계속해서 많은 분들 앞에서 해보는 방법밖에 없습니다. 사람은 처음부터 무조건 완벽할 수 없습니다. 하다못해 세상에 완벽한 프로그램도 없습니다. 계속 수정, 보완, 업그레이드 등을 하며 완벽하게 다듬습니다. 아래는 제가 사업 초기 화장실 앞에 붙여 놨던 글입니다.

그렇다면 사람 앞에 나서서 강의할 역량을 기른다면 단점을 극복해서 사람의 차별화를 통해 사업을 한층 더 키울 기회가 됩니다. 이미지 메이킹을 통해 신뢰가 가는 첫인상을 만들고, 스피치 학원에 다니면서 발표와 화술 능력을 키우면 어떨까요?

특히 작은 회사일수록 리더가 자기관리에 철저해야 합니다. 매출을

7년전 동기부여를 위해 붙여두었던 문구

올리기 위해서는 영업이 되어야 하는데 회사 규모가 작을수록 거래처나 소비자들이 대표를 보고 계약하는 경우가 많습니다.

대표가 갑자기 쓰러지면 전체적인 업무에 큰 차질이 생길 수 있기에 건강관리도 필요하고, 전화 상담은 잘하는데 대면 영업이 서투르다면 이를 극복하기 위해 여러 모임에 참석해 매일 10명과 대화하겠다는 미션을 수행하고, 반대로 대면 영업은 잘하는데 전화가 서투르다면 세일즈 스크립트를 작성해서 상담해보고 대화가 어떻게 흘러갔는지를 기록하면서 스크립트와 시나리오를 보완하는 등의 노력을 할 수 있겠습니다.

마케팅 대행사를 차리기 전에 저도 영업사원 시절이 있었습니다. 세일즈맨 역시 첫인상이 중요한데요. 고객 앞에서 긴장하거나 어색한 모습을 보이기 싫어서 아무도 없는 공간에서 앞에 카메라를 놓고 문을 열고 사무실에 들어가 인사하고 웃는 연습을 동영상으로 촬영한 다음 돌려보고는 했습니다. 또한 고객과 전화 상담을 하고 나면 통화내용을 들어보면서 고객의 질문에 내가 제대로 답변 못 한 부분은 없나, 말을 더듬지는 않나, 전문성 없는 모습을 보이지 않았나 살펴서 잘못된 부분을 바로잡고는 했습니다.

어떤 업계든 전문가가 되기 위해 갖춰야 할 소양이 있고, 사람은 완벽할 수 없습니다. 당연히 부족한 면이 있기 마련입니다. 이런 부분은 노력을 통해 극복하고 성장해야 합니다. 그리고 시장 전체를 바라봐도 부족한 마이너스 요소를 보완하면 큰 차별화가 가능한 포인트가 있습니다. 이것을 먼저 치고 들어가 기회를 잡고 퍼스널브랜드를 확립하면 큰 기회가 됩니다.

제 지인 중 자동차 딜러를 하는 분이 계십니다. 대부분 딜러가 차량의 판매부터 애프터서비스까지 담당하기에 고객들은 딜러를 보고 차를 구매합니다. 그런데 딜러들은 차를 파는 법은 잘 알아도 자동차 자체에 대해 엔지니어만큼 박식하지 않다는 단점이 있습니다. 제 지인은 이 단점을 극복하고자 아예 자동차 정비사 자격증을 취득했습니다. 다른 딜러에 비해 사후관리가 잘 되니까 영업할 때도 할 말이 생기고, 기존 고객들의 만족도도 높아져서 소개도 많이 들어온다고 합니다. 이렇듯 단점을 극복하고자 하는 노력은 중요합니다.

## 사람의 장점 테이크 오프 트레이닝

나라는 사람의 장점을 극대화해서 차별화할 수 있을지 생각해봅시다.

1 사업을 전개하는데 나한테 부족한 부분은 어떤 점이 있을까요?

2 부족한 부분을 어떻게 개선할 수 있을까요?

3 경쟁사 대표는 나보다 어떤 경쟁우위가 있을까요?

4 업계에 안 좋은 관행을 내가 해결해줄 수 있을까요?

CHAPTER 2

# 사람과 사람을 결합(×)하라

01

# 사람들을 결합해 팀을 만들어라

1인 기업 대표님은 직접 생산, 마케팅, 영업, 회계, 세무 모든 것을 담당합니다. 그런데 아무리 대표가 제너럴리스트라 하더라도 각 분야의 스페셜리스트보다 잘할 수는 없습니다. 저도 8년간 사업하면서 웬만한 건 다 할 수 있다고 자부하지만, 솔직히 마케팅을 제외하고는 각 분야의 전문가와 비교하면 많이 부족한 것이 사실입니다.

결국 개인은 팀을 이길 수 없습니다. 혼자서 할 수 있는 범위까지는 사람의 단점을 보완해야 하지만, 그 이상으로 회사의 규모를 키우기 위해서는 나라는 사람에 다른 사람을 결합해서 조직을 만들어야 합니다.

저의 경우 마케팅에 관해서 해야 할 일들을 쭉 나열하고 업무마다 매뉴얼을 만들어뒀습니다. 제가 아니면 곤란한 일들은 직접 처리하고, 가르쳐서 충분히 소화할 수 있는 일들은 직원을 채용해서 위임했습니다.

회계나 세무는 전문가에게 아웃소싱을 맡기고 있고, 마케팅 교육 상담은 전문 상담실장님을 따로 두고 운영하기도 합니다.

동업 역시 생각해볼 수 있습니다. 동업은 파트너를 잘 만나야 하죠. 동업이 안 맞는 분들도 계시지만, 반대로 동업을 통해 서로의 주특기가 맞물려 시너지를 내면서 크게 성공해 모두 다 잘 되기도 합니다. 여러 글로벌 대기업도 동업으로 시작한 경우가 참 많습니다. 다들 아시다시피 애플은 마케팅을 담당한 스티브 잡스와 개발을 담당한 스티브 워즈니악이 차고에서 애플I Apple I 컴퓨터를 제작하면서 시작했습니다.

마이크로소프트는 고등학교 동창인 빌 게이츠와 폴 앨런이 공동 설립했고, 구글은 스탠퍼드 대학원에서 만난 세르게이 브린과 래리 페이지가 공동 창업했습니다. 페이스북, 휴렛팩커드, 인텔 역시 동업으로 시작해서 글로벌 대기업이 되었습니다.

저의 지인이신 두 분 사장님도 성공적인 동업을 하고 계십니다. 두 분은 친형제이고 몇 년 전 반려견, 반려인에게 최적화된 주택을 짓는 사업을 하기로 했습니다. 사무실을 차리면서 친동생을 창업파트너로 동업을 시작했죠. 사업초창기 소호사무실에서 책상 2개와 의자 2개만 겨우 들어가는 작은 곳에서 시작해서 꾸준히 브랜딩하기 위해 1년간 노력하셨습니다. 형이 건축, 컨설팅, 상담, 영업을 담당했고 동생이 형의 일을 지원하는 홍보 마케팅을 담당해서 지금은 애견 전문 부동산 분야에서 최고의 위치에 올라가 계십니다.

또 다른 동업 사례도 있는데요. 투자 컨설팅 회사를 설립한 두 공동대표가 있습니다. 외향적이고 말주변이 좋은 대표님이 상담, 유튜브 등 앞에 나서는 일을 맡았고, 내향적이고 성실한 다른 대표님이 영상 촬영 보조 및 온라인 마케팅 전반을 담당하며 지원을 아끼지 않았습니다. 이렇게 회사 매출을 공평히 나누고 매년 매출을 높이고 계십니다.

저의 지인들 중 동업이 체질에 잘 맞는 분이 계십니다. 이분은 투자 유치를 잘해서 아이디어 넘치는 사업 아이템을 가진 사람과 동업합니다. 비전 있는 아이템을 가진 동업자를 돈을 가진 투자자와 연결해주는 일을 하면서 큰돈을 버셨습니다. 이처럼 사업 스타일에 정답은 없습니다. 시간이 좀 걸리더라도 나한테 부족한 걸 전부 배워서 창업을 할 수도 있고, 아니면 나한테 부족한 능력을 지닌 사람과 동업해서 빠르게 회사를 키울 수도 있습니다.

한 가지 분명한 건 사업이 일정 수준 이상 커나가면 개인 혼자서 모든 걸 해결할 수는 없다는 점입니다. 자신의 성향에 맞게 동업으로 풀어나가셔도 좋고, 유능한 직원을 채용해가며 부서를 만들어나가도 됩니다.

02

# 인플루언서와 컬래버레이션하라

사람의 결합에서 한 가지 더 고려할 수 있는 건 유명한 인플루언서와 컬래버레이션을 하는 것입니다. 과거에는 돈을 융통해서 공장을 짓거나, 제품을 사입해 유통하거나, 가게를 차려야 사업할 수 있었는데 이제는 사람으로부터 출발해서 제품을 파는 사례가 늘어나고 있습니다. 개인의 매력을 자원으로 창업할 수 있는 좋은 시대죠.

특히 인스타그램과 유튜브가 커지면서 자신의 경험, 경력을 살려 제품 제작을 시작하는 인플루언서들이 많아지고 있습니다. 제가 요즘 주목하는 인플루언서 한 분이 있습니다. 이분을 V 인플루언서라고 칭하겠습니다.

이분은 A 화장품 회사에 10년 간 다니다가 지금은 퇴사하고 1인 기업으로 활동 중입니다. 회사를 다닐 때부터 꾸준히 인스타그램 계정을

늘어가는 인플루언서의 영향력

HOME > 경제산업 > 생활경제

## "30억도 안 아깝다"... 화장품사, 인플루언서 투자 총력전

홍성인 기자 승인 2021.01.21 13:18 댓글 0

인플루언서 영향력 상승에 화장품 기업들 주목
아모레, 인플루언서 회사에 30억 규모 투자
LG생건, 에뛰드하우스 직접 인플루언서 육성
토니모리 자체 인플루언서플랫폼 구축 사업 추진

사진=에뛰드하우스

사회에 미치는 영향력이 큰 사람을 의미하는 '인플루언서(influencer)'가 화장품 업계의 허브로 부상하고 있다. SNS 사용 인구가 증가하고 유튜브 등 V-커머스가 주요 마케팅 수단이 되면서 국내 화장품 업계에서도 인플루언서들의 영향력이 커지고 있다.

특히 중국의 인플루언서라고 할 수 있는 왕홍들이 제품 홍보뿐 아니라 판매까지 전개해 큰 성과를 얻으면서 국내 인플루언서들에게도 영향을 끼치고 있다. 국내 인플루언서들은 이제 홍보 영역을 넘어 제품 개발과 판매까지 참여하는 수준에 이르렀다. 최근 국내 화장품 기업

최신뉴스

**BNK경남은행, 의료기기 업체 KMG(거명) '유망중소기업' 선정**

IBK기업은행, "기본 충실한 혁신으로 ESG경영 강화할 것"

BNK경남은행, 전 영업점 '무더위 쉼터'로 개방

소상공인 시대

**소상공인 긴급생활안정자금 지급 개시... "513명에 50만원씩"**

출처: https://www.meconomynews.com/news/articleView.html?idxno=49577

'진정성 있는 인플루언서가 성공하는 시대가 올 것'이라는 기사의 일부

## 진정성 있고 목적 지향적인 요즘 인플루언서

2021.07.06

개인 전용기를 타고 열대 파라다이스로 날아간 인플루언서가 개념 없는 사람으로 비치는 시대다. 그들 대신 진정성 있고 창의적이며 목적 지향적인 인플루언서가 늘고 있다.

여기를 봐도, 저기를 봐도, 인플루언서가 널려 있다. 요즘 우스갯소리처럼 이런 말을 할 정도로 인플루언서가 늘고 있는 것이다. 유명한 것으로 유명하며, 어느 누구보다 화끈한 삶으로 잘 알려진 흑갈색 머리와 볼륨 있는 몸매의 백인 인플루언서가 있다. 캐비아와 샴페인을 즐기면서 자신의 스킨케어 방법을 늘어놓는 콘텐츠에 등장하는 윤기 나는 머릿결의 금발 미녀도 있다. 자신의 식단과 운동 계획을 따라 하면 뚱배가 쏙 들어가고 멋진 모습이 된다며 호언장담하는 멋지고 날씬한 몸매의 전문가도 있다.

그리고 새로운 형태의 인플루언서도 있다. 그들은 스타일리시하면서도 뻔하지 않다. 또한 여가 시간에 하는 선행, 일궈낸 성과와 재능을 통해 우리를 끌어들인다. 23세의 미국 출신 시인 아만다 고먼(Amanda Gorman)을 떠올려보자. 그녀는 조 바이든 대통령의 취임식에서 자작시 '우리가 오르는 언덕(The Hill We Climb)'을 낭송하면서 지난 1월 인플루언서 스타덤에 올랐다. 시청자의 시선은 그녀가 입었던 '햇살 같은 노란색 프라다 코트'로 쏠렸고 이로 인해 하룻밤 사이 '노란 코트'라는 단어의 검색 횟수가 1,328%나 폭증했으며, 그녀가 입은 프라다 스칼렛 새틴 헤드밴드 때문에 '헤드밴드'에 대한 검색이 560%나 증가했다고 글로벌 패션 플랫폼 리스트(Lyst)가 전했다. 게다가 고먼이 얼마 후 출간한 저서 두 권이 아마존에서 베스트셀러에 오르는 기염을 토했다. 그리고 만 하루 만에 그녀의 인스타그램 팔로워는 200만을 돌파했다.

출처: bit.ly/3jBmfem

운영하셨고, 화장품 회사에 다닌 만큼 피부 미용에 박식해서 관련 전문 지식을 공유하면서 팔로워들에게 많은 사랑을 받았습니다.

처음에는 성분이 괜찮은 화장품, 건강기능식품을 가져와서 인스타그램 공동구매를 진행했고 나중에는 자기만의 제품을 개발했습니다. 이미 만들어진 제품을 인플루언서를 통해 파는 '제품×사람'의 영역에서 나라는 퍼스널 브랜드를 주체로 제품을 결합하는 '사람×제품'으로 바뀐 형태입니다.

직접 공장에 컨택해서 제조사와 함께 제품을 개발했고, 2000박스를 생산해서 판매 시작 18분 만에 완판했습니다. 추가 제조 분량도 계속 매진이 이어진다고 합니다. 앞장에서 앞으로는 제품 제조에 직접 관여하고, 사후관리까지 확실히 하는 책임감 있는 인플루언서가 잘 될 것이라고 말씀드렸는데요. 이분이야말로 앞으로 인플루언서가 나아가야 할 방향을 모범적으로 보여줬다고 생각합니다.

단순히 돈을 벌려고 아무 제품이나 공동구매를 하지 않았습니다. 자신의 전문성을 살려서 진짜 팬들이 원하는 상품을 기획하고, 이 상품을 만들어줄 수 있는 업체와 협력했습니다. 제품이 만들어지는 과정을 진솔하게 전달하고, 판매에 관한 책임도 확실히 졌기에 팬들의 반응이 좋았습니다.

인스타그램 사례를 봤으니 유튜버의 예시도 한 번 보겠습니다. 제가 최근 주목하는 P 유튜버가 있습니다. 패션 유튜버인데요. 처음에는 차분한 어조로 패션 관련 정보를 전했는데 지금은 본인의 개성을 대방출해서 빠른 어조의 개그 코드 영상을 찍고 있습니다.

자신의 색을 드러내면서 10대, 20대, 30대에게 시즌별로 가성비 좋은 코디를 추천해주자 곧 큰 인기를 얻었습니다. 구독자는 42만 명, 카페 가입자는 8만 명을 넘어섰습니다. 카페를 통해 구독자들과 소통하면서 데일리룩(평상시 입는 스타일)을 봐주고 그것을 다시 영상으로 제작하니 팬들이 좋아할 수밖에 없습니다.

영향력이 크다 보니 많은 패션 브랜드가 P 유튜버와 협업을 하고 싶어 하는데요. 최근에는 S 브랜드와 컬래버레이션을 해서 가성비 좋은 첼시 부츠를 출시했습니다. 발매한 지 일주일도 안 되어서 전부 매진이 되었다 합니다.

유튜브를 통해 제조과정을 다 밝힌 것은 물론 어떤 사람이 신어야 하고, 사이즈 선정을 어떻게 해야 하며, 더 나아가 쇼핑몰 후기를 직접 읽어보더니 후기가 너무 장점 위주로 적혀있다면서 자신의 입으로 단점을 말해주는 진정성을 보였습니다. 먼저 좋은 제품을 만든 다음 마케팅을 해서 팔 수도 있지만, 이처럼 인지도 높은 인플루언서와 함께 0부터 제품을 만들어보는 것도 한 가지 방법입니다. 혹은 내가 직접 인플루언서가 되어서 퍼스널 브랜딩을 한 다음 나를 중심으로 제품이나 서비스를 결합하는 방식으로 창업하는 것도 고려해볼만 합니다.

## 사람의 결합 테이크 오프 트레이닝

장점을 극대화하고, 단점을 보완하는 것만으로 해결되지 않는 부분을 다른 사람과 결합해서 팀을 만들어봅시다.

**1 우리와 시너지를 낼 수 있는 제품, 서비스는 무엇이 있을까요?**

**2 나와 함께 시너지를 낼 인플루언서가 누가 있을까요?**

**3 현재 사업에서 영입하면 좋은 인재 및 동업자로 누가 있을까요?**

**4 내가 제품 또는 서비스 개발을 한다면 무엇을 할 수 있을까요?**

사업 스타일에 정답은 없습니다. 시간이 좀 걸리더라도 나한테 부족한 걸 전부 배워서 창업할 수도 있고, 아니면 나한테 부족한 능력을 지닌 사람과 동업해서 빠르게 회사를 키울 수도 있습니다.

한 가지 분명한 건 사업이 일정 수준 이상 커나가면 개인 혼자서 모든 걸 해결할 수는 없다는 점입니다. 자신의 성향에 맞게 동업으로 풀어나가셔도 좋고, 유능한 직원을 채용해가며 부서를 만들어나가도 됩니다.

CHAPTER 3

# 사람을 분할(÷)하여 차별화하라

01

# 나를 나눠 나 대신 활동할 영업사원을 만들어라

사람의 분할은 나라는 사람을 여럿 복제해서 내가 다른 일을 하고 있어도 마치 나를 만난것과 같은 효과를 만드는 것입니다. 이것을 분할이라고 합니다. 예를 들어서 제가 마케팅 외부 특강에 나가면 노동(강의)을 하고 강의료를 받습니다. 그런데 이 강의를 촬영한 후 편집해서 온라인으로 판매하면 내가 분할된 영상이 돈을 벌게 됩니다.

제가 잠을 자고 있어도, 강의하고 있어도, 미팅하고 있어도 분할된 저의 서비스를 누군가가 구매하면서 판매수익이 생기게 됩니다. 언택트 트렌드가 강화되면서 요즘은 모든 교육이 다 온라인으로 이루어지는 것 같습니다. 이제는 수능 공부뿐만 아니라 비즈니스 역량 강화부터 일상적인 취미에 이르기까지 모든 분야에 전문 강사가 진출해서 온라인 플랫폼으로 수익을 올립니다.

사실 개인의 영향력, 즉 나를 온라인 마케팅을 한다는 것은 사람의 분할을 잘 이용하는 것이기도 합니다. 나를 분할한 콘텐츠를 마케팅 채널에 업로드하거나 광고를 진행하면 내가 일을 하든, 밥을 먹든, 잠을 자는 시간에도 콘텐츠는 쉬지 않고 24시간 일을 합니다. 상품을 판매하거나 잠재고객을 유치하는 콘텐츠를 제작해 상위노출을 잡고, 광고를 걸어두면 복제된 분신이 온라인 세상에서 나 대신 영업사원으로 뛰어다니며 일합니다. 비대면 시대에서는 특히 이 분할에 신경 써야 합니다. 저 역시 몇 년 간 오프라인 교육을 하면서도 온라인을 준비해야 하는데라고 생각만 하고있다가 코로나19로 인해 발빠르게 온라인으로 준비하게 되었습니다.

그리고 나만의 콘텐츠 또는 독보적인 전문성이 있다면 책을 출간하시길 바랍니다. 제가 겪은 재미있는 에피소드가 있습니다. 2019년도 첫 출판을 하면서 종이책뿐만 아니라 전자책, 오디오북도 같이 출간했습니다. 솔직히 종이책 외에는 큰 기대를 하지 않았는데 예상도 못 했던 나비효과가 발생했습니다.

최근 입사 지원한 한 젊은 친구가 있어서 면접을 봤는데 제 책을 읽고 저희 회사에서 일해보고 싶어 연락을 드렸다는 겁니다. 자세히 물어보니 자기가 몇 달 전까지만 하더라도 호주에서 워킹홀리데이를 하고 있었다는 겁니다. 카페에서 아르바이트하는데 사장님이 손님이 안 와서 고민하는 모습을 보고 어떻게 도와드릴 방법이 없을까 해서 자기가 할 방법을 찾기 시작했다고 합니다.

혼자 인터넷으로 검색하면서 손님을 부르기 위해서는 마케팅을 해야 한다는 사실을 알게 되었고, 검색만으로는 안 나오는 실용 정보를 찾기 위해 마케팅 책을 찾아보기 시작했답니다. 외국이라서 종이책 구매의 어려움이 있어 마케팅에 관련된 전자책을 알아보기 시작했고, 《대한민국 리더들이 모르는 온라인 마케팅의 함정》을 읽게 되었다고 합니다.

이것이 인연이 되어서 워킹홀리데이 기간이 끝나 한국에 돌아와 입사 지원으로 이어졌고, 카페 매니저도 아닌 아르바이트생이 사장을 돕고 싶어서 마케팅 공부를 했다는 사실이 대견해서 바로 채용했습니다. 지금은 저와 함께 일하고 있습니다. 이렇듯 책 출간은 때로는 예상치 못한 좋은 인연을 만나게 하거나 비즈니스의 기회로 이어집니다. 본인 대표의 활동영역이 많으면 많아질수록 좋은기회는 수없이 많이 늘어날 수 있습니다.

02

# 나를 나눈 콘텐츠로 퍼스널 브랜딩을 하라

마케팅 대행을 도와드리는 병원 한 곳이 있습니다. 이 병원은 사람의 분할로 성공한 대표적인 사례입니다. 예전에는 사±자가 들어가는 국가공인 자격증을 따면 평생 먹고살 수 있던 시절이 있었습니다. 최근에 만나 뵈었던 변호사님, 세무사님, 노무사님, 의사원장님께서 하나 같이 입을 모아 얘기해주시는 게 있습니다. 이제는 우리 업계도 사람이 너무 많아져서 마케팅과 영업을 잘하지 않으면 자격증 따도 살아남기 힘들다고 하십니다.

전문직은 제공하는 서비스 내용이 비슷해서 차별화 마케팅이 특히 힘든데요. 지금의 광고주 원장님을 처음 뵈었을 때의 일입니다. 원장님과 미팅을 해보니 정말 치열하게 공부해서 엘리트 코스를 밟아온 분이라는 걸 알게 되었습니다. 우리나라 최고 명문고와 명문대를 졸업하셨고, 의과 대학원을 졸업해 병원을 개업하셨습니다.

우리나라에는 정말 많은 병원이 있습니다. 그중에서 원장이 수술 잘하기로 소문난 곳도 많은데요. 그래서 저는 의료, 건강에 대해 말하는 것도 물론 좋지만, 원장님만의 특별한 공부법에 대해 유튜브로 이야기해보자고 제안해 드렸습니다.

원장님도 처음에는 병원 마케팅을 도와달라고 찾아갔더니 왜 뜬금없이 공부법 이야기를 하냐며 반신반의하셨습니다. 그래서 이미 많은 구독자를 확보한 의사 유튜버들을 보여드리며 아무런 대책 없이 레드오션에 뛰어들기보다 차별화된 이슈를 만들면 병원 홍보를 같이하는 편이 오히려 더 효과적일 거라고 말씀드렸습니다.

끝까지 들어보시더니 그 말도 일리가 있다며 찬성하셨고, '명문대 출

유튜브 퍼스널 브랜딩 사례

유튜브 퍼스널 브랜딩 사례

신 의사 선생님이 알려주는 공부법'을 콘셉트로 유튜브 채널을 개설했습니다. 공부법에 관한 영상을 제작해서 올리기 시작했고, 코로나 19가 터지기 전에는 동네 어머님들을 대상으로 '우리 아이 상위권 대학을 가는 방법'에 대한 세미나도 진행했습니다. '원장님이 의료 관련 세미나가 아닌 공부법을 이야기해도 되는 걸까?' 하고 생각하실 수도 있습니다. 그런데 원장님이 S대학교, S대학원만 14년을 다녔기에 공부에 대해서 할 이야기가 정말 많았습니다. 병원 인근 학부모님이 20명 가까이 오셨는데 아이 대학 문제에 대해 질의응답이 이어졌고 반응은 아주 뜨거웠습니다.

이 방향대로 꾸준히 마케팅을 진행하다 보니 나중에는 MBC의 한 공부 프로그램에도 멘토로 출연하셔서 고등학생들에게 공부와 관련된 꿀팁을 주셨고, 유튜브 구독자가 늘어남으로 결과적으로 병원의 인지도가 올라가서 고객들도 많아졌습니다.

"일단 유명해져라. 그러면 당신이 똥을 싸더라도 사람들이 손뼉을 쳐줄 것이다."

Be famous and they will give you tremendous applause when you are actually pooping.

과거 앤디워홀의 명언이라고 해서 인터넷에서 유명했던 것입니다. 사실 앤디 워홀에 했던 말은 실제 아닌 것으로 판명이 되었지만 아직도 많은 공감을 얻고 있습니다. 꼭 저 명언처럼 극단적인 행동은 아니지만 최근에 본인의 활동으로 인해 정말 생각지도 못한 좋은 시너지가 형성됩니다. 병원 원장님의 경우도 유튜버의 콘셉트는 공부이지만 덩달아 본인이 유명해지면서 덩달아 병원도 매출이 늘어나고 있습니다. 소비자들은 방송에 나가고 대중적이고 유명한 사람에게 좀 더 반응할 수밖에 없습니다.

최근 들어서 저 역시 바뀐 생각 중 하나 역시도 '꼭 내 아이템의 계통을 메인 콘텐츠로 할 필요는 없다'입니다. 우리가 꼭 퍼스널브랜딩을 하는데 내 아이템보다는 좋아하고 잘할 수 있는 것을 하는 것이 오히려 더 좋다는 것입니다. 내가 좋아하는 것을 찾고 그것을 잘할 수 있는 방법과 수익화를 찾으면 찾으면 되지 않을까요?

## 사람의 분할 테이크 오프 트레이닝

나를 복제한 후 분할해서 자동화 시스템을 만들 수 없을지 생각해봅시다. 내가 일하지 않는 순간에도 판매 혹은 영업을 지원할 콘텐츠와 마케팅 채널로 무엇이 있을까요?

**1 본인의 콘텐츠를 책(e-book 포함), 블로그, 카페로 표현할 수 있을까요?**

**2 개인 브랜딩을 위해 SNS로 팔로워들과 소통하고 있나요?**

**3 영상 콘텐츠를 제작하여 유튜브를 시작할 수 있을까요?**

**4 소비자에게 온라인 강의, 오프라인 교육, 개인 컨설팅을 할 수 있을까요?**

**5 전문가 브랜딩을 위해 TV 방송에 출연할 수 있을까요?**

꼭 내 아이템의 계통을 메인 콘텐츠로 할 필요는 없습니다. 우리가 꼭 퍼스널브랜딩을 하는데 내 아이템보다는 내가 좋아하고 잘할 수 있는 것을 하는 것이 오히려 더 좋다는 것입니다. 내가 좋아하는 것을 찾고 그걸 잘할 수 있는 방법과 수익화를 찾으면 되지 않을까요?

# TAKE OFF

# PART 5

# 제품과 서비스에 날개를 달아주는 도구들

CHAPTER 1

# 검색포털 활용의 모든 것

01

# 온라인 마케팅의 첫걸음, 검색포털 제대로 활용하기

지금까지는 제품, 서비스, 사람에 각각 사칙연산을 적용해서 12가지의 차별화 전략을 도출하는 방법을 알아봤습니다. 이들 가운데 내 사업에 적용 가능한 엔진을 장착했다면 이제 마케팅 채널이라는 날개를 달아 날아오를 차례입니다. 현재 마케팅을 하기 위한 채널에는 크게 검색포털(네이버), SNS(페이스북, 인스타그램), 유튜브, 배너광고(구글, 네이버, 카카오) 4가지 영역이 있습니다. 가장 좋은 것은 이 4가지 마케팅을 전부 다 하는 것이지만, 한정적인 광고 예산과 작업량을 생각해보면 한 번에 다 하는 것은 현실적으로 힘듭니다.

그러므로 각 마케팅 채널의 특징을 잘 알아두고 내 사업 아이템에 적합한 채널부터 하나씩 하나씩 공략하는 것을 추천해 드립니다. 이제부터 한 채널씩 차근차근 자세하게 설명하겠습니다.

마케팅할 때 가장 먼저 알아야 할 것은 검색포털입니다. 최근 인스타그램과 유튜브가 인기를 끌면서 이 둘만 하려는 분들이 계십니다. 그러나 온라인에서 고객이 어떻게 제품을 사는지 잘 분석해보면 검색영역을 빼놓을 수 없다는 걸 아실 겁니다.

특히 제품이 고가일수록 인스타그램, 유튜브를 보면서 제품을 알게 됐더라도 해당 제품을 네이버에 다시 한번 검색해서 리뷰를 보거나, 최저가를 찾아보거나, 비슷하면서 좀 더 저렴한 가성비 제품을 찾아봅니다. 그러므로 어떤 사업 아이템이든 검색 포털을 빼놓고 마케팅을 할 수는 없습니다.

네이버 마케팅이 중요한 이유는 구매 니즈를 가진 잠재고객을 만날 수 있다는 점입니다. SNS의 경우 내 아이템과 접촉한 사람들은 자기 의

네이버 마케팅의 종류

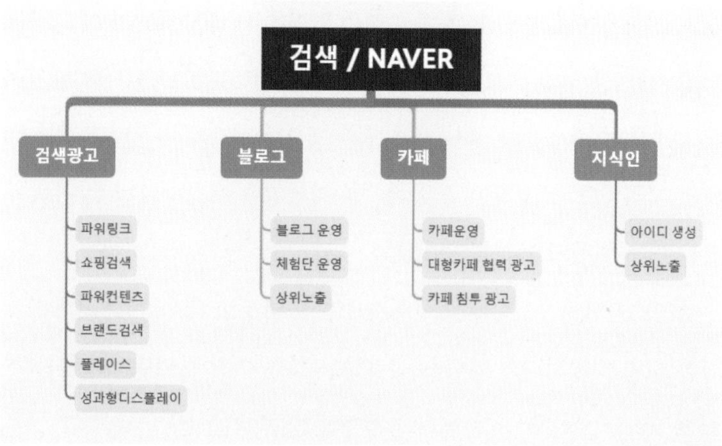

지로 내 제품을 찾은 것이 아닙니다. 친구의 소식을 보려고, 내 사진을 올리려고, 인플루언서를 보기 위해서, 좋아하는 동영상을 보려고 접속했다가 갑자기 광고를 접하는 방식이죠.

제품을 구매하거나 혹은 제품에 관한 정보를 알아보고 싶은 사람들이 많지 않은 영역입니다. SNS에서 그나마 검색이 활발한 영역은 맛집, 카페, 여행지, 펜션, 관광지 등 사진 한 장으로 설명이 가능한 비즈니스입니다. SNS 검색이 사진과 감상을 빠르게 훑어본다면 검색포털에서 내 제품에 관한 키워드를 검색하는 사람들은 구매 혹은 정보탐색 니즈가 깊은 사람들입니다. 상대적으로 포스팅을 꼼꼼하게 정독하는 편이죠.

잠깐 검색포털에서 쇼핑 키워드로 검색할 때를 떠올려보시길 바랍니다. 보통 어떤 상황인가요? 제품에 관한 이슈가 궁금해서, 제품의 효능을 알고 싶어서, 먼저 사본 사람의 후기를 읽고 싶어서, 제품을 최저가로 구매하고 싶어서 등등 다양할 것입니다. 한 가지 확실한 건 SNS 광고로 제품을 접한 사람에 비해 니즈가 더 뚜렷하다는 점이죠. 그러므로 연관 키워드에 내 제품을 노출하는 검색포털이 마케팅의 첫걸음이 됩니다.

02

# 바로 상위노출이 가능한 키워드 광고 알기

'네이버 마케팅' 하면 대부분 블로그와 카페부터 생각합니다. 그런데 제가 제일 먼저 권해드리고 싶은 것은 '검색 광고'입니다. 왜 그럴까요? 여러분이 온라인 마케팅을 처음 시작한다고 가정하겠습니다. 가장 먼저 무엇부터 해야 할까요? 맞습니다. 일단 우리 회사의 공식 홈페이지부터 만들어야겠죠. 사람들이 내 상품을 결제할 온라인 점포가 있어야 하니까요. 홈페이지에 상품을 등록하고 사람들을 사고 싶게끔 하는 제품 상세페이지가 있어야 할 것입니다.

상세페이지와 결제 기능을 만들어뒀으면 무엇을 해야 할까요? 당연히 잠재고객을 상세페이지로 데려와서 제품을 사게 해야 합니다. 그런데 이때 바로 대대적인 마케팅을 해서는 안 됩니다. 일단은 소액으로 키워드 광고부터 진행해서 상세페이지의 효율을 점검해야 합니다.

파워링크 광고

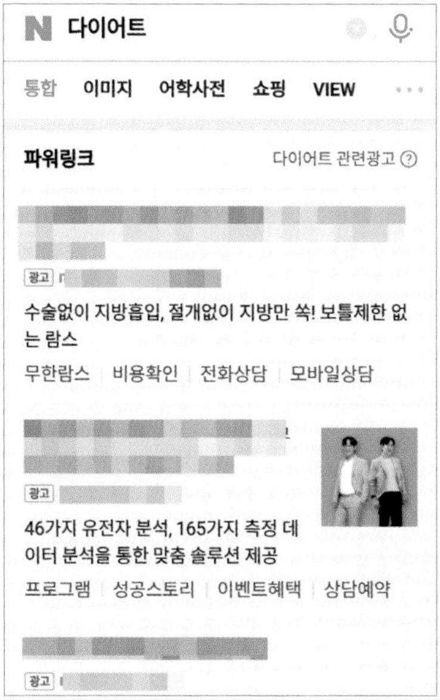


파워콘텐츠 광고

다이어트 제품을 예를 들어 보겠습니다. 스마트폰으로 네이버에 들어가서 '다이어트'라고 검색하면 위의 사진처럼 파워링크 광고가 가장 먼저 뜹니다. 스크롤을 내려 뷰VIEW로 가면 ⓘ 광고 표시가 붙은 파워콘텐츠 광고가 뜹니다. 누군가는 노출된 키워드 광고를 클릭하겠지요. 그러면 사람들이 클릭한 만큼 광고비가 빠져나갑니다. 파워링크 광고를 클릭한 사람은 바로 우리가 만들어둔 상세페이지로 이동하고, 파워콘텐츠 광고를 클릭한 사람은 블로그 포스팅을 먼저 읽은 다음 포스팅에 넣어둔 링크를 타고 상세페이지로 이동할 것입니다.

이때 제품이 많이 팔리면 홈페이지, 상세페이지를 잘 만들었다는 증

거입니다. 그런데 광고를 클릭해서 홈페이지로 들어오는 사람은 많은데 제품은 거의 안 팔릴 수도 있습니다. 이 말은 제품에 매력이 없거나 아니면 제품의 매력을 표현하는 상세페이지에 문제가 있다는 뜻이 됩니다.

검색 광고로도 제품이 팔리지 않는데 블로그 마케팅, 카페 마케팅, SNS 마케팅, 유튜브 마케팅을 해봐야 의미가 있을까요? 당연히 비용만 나가고 구매전환은 거의 일어나지 않을 확률이 높습니다. 대대적으로 마케팅하기 이전에 검색 광고를 통해 검증을 받아보시고, 잘 팔리지 않

네이버 광고 1

네이버 광고 2

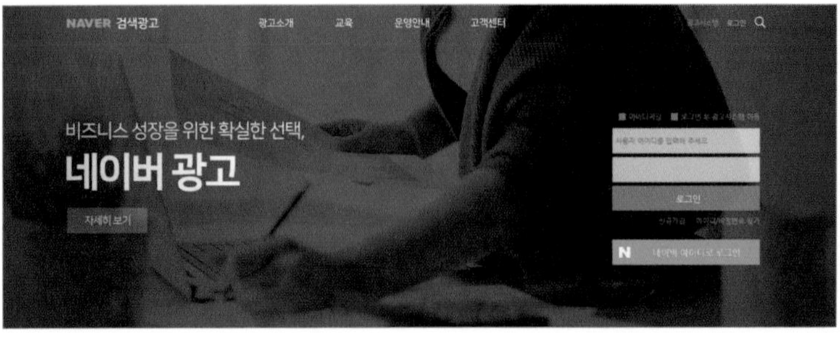

는다면 일단 홈페이지와 상세페이지부터 바꿔보시길 바랍니다. 그런데도 성과가 개선되지 않는다면 날개(마케팅) 이전에 엔진(차별화)의 문제가 아닌가 의심해봐야 합니다.

키워드 광고의 장점은 클릭당 광고비만 내면 바로 상위노출이 되기에 빠르게 효과를 테스트할 수 있습니다. 이때 키워드마다 입찰가가 다 다른데요. 내가 한 달에 쓸 수 있는 예산에 맞게 광고를 진행해볼 것을 추천합니다.

네이버에서 제공하는 키워드 광고 상품으로는 ① 파워링크 광고 ② 쇼핑검색 광고 ③ 파워콘텐츠 광고 ④ 브랜드 검색 광고 ⑤ 플레이스 광고, 이렇게 5가지가 있습니다. 가장 먼저 해야 할 광고는 파워링크, 쇼핑 검색, 파워콘텐츠 이렇게 3가지입니다.

네이버 검색광고 키워드 도구

검색 광고는 사람들이 내 아이템과 관련된 키워드를 검색했을 때 내가 만든 광고 소재가 노출되는 방식입니다. 그러므로 먼저 내 상품과 관련이 깊은 키워드를 추출해서 정리할 필요가 있습니다.

먼저 네이버 검색 광고 센터로 들어가서 광고주 계정을 만듭니다. 키워드 도구로 들어가서 내가 취급하는 상품의 대표 카테고리 키워드를 검색하면 됩니다. 만약 비타민을 파는 회사라면 비타민, 종합비타민, 멀티비타민, 천연비타민, 영양제 등의 키워드를 넣어서 검색해볼 수 있겠죠?

그러면 내가 검색한 키워드와 더불어서 연관 키워드까지 보여줍니다. 검색 광고 도구에서는 키워드가 한 달에 PC, 모바일로 몇 번 검색되는지도 보여줍니다. 이제 엑셀 파일을 열어서 내가 광고에 사용할 키워

내 사업 아이템 관련 키워드 추출 및 정리

| A | B | C | D | E |
|---|---|---|---|---|
| **키워드** | **예상 노출수** | **예상 클릭수** | **예상 평균클릭비용** | **예상비용** |
| 비타민 | 91,761 | 1,082 | 3,176 | 3,436,243원 |
| 종합비타민 | 97,407 | 1,777 | 4,599 | 8,171,668원 |
| 멀티비타민 | 40,426 | 499 | 5,132 | 2,561,098원 |
| 비타민C | 105,025 | 2,072 | 3,301 | 6,840,248원 |
| 천연비타민C | 5,222 | 291 | 2,011 | 585,072원 |
| 영양제 | 39,570 | 987 | 3,140 | 3,098,822원 |
| 천연비타민 | 6,095 | 219 | 2,698 | 590,810원 |
| 천연종합비타민 | 5,268 | 234 | 3,325 | 778,164원 |
| 식품첨가물 | 2,062 | 134 | 1,187 | 159,086원 |
| 종합영양제 | 10,275 | 385 | 2,560 | 985,578원 |
| 비타민B | 75,000 | 933 | 5,497 | 5,129,144원 |
| 비타민C추천 | 14,713 | 857 | 3,677 | 3,150,776원 |
| 가성소다 | 12,191 | 242 | 1,936 | 468,466원 |
| 천연비타민C추천 | 2,061 | 158 | 2,320 | 366,536원 |
| 종합비타민추천 | 17,469 | 522 | 3,729 | 1,946,664원 |
| 구연산 | 40,994 | 907 | 2,408 | 2,184,327원 |
| 멀티비타민추천 | 6,756 | 108 | 3,392 | 366,310원 |
| 비타민E | 20 | 297 | 2,771 | 822,937원 |
| **우리 제품/서비스 관련 키워드를 반드시 엑셀로 정리해 둘 것** | | | | |
| 비타민C효능 | 17,511 | 20 | 2,222 | 44,438원 |
| 식용구연산 | 6,585 | 59 | 1,195 | 70,488원 |

캠핑 키워드 검색량 추이

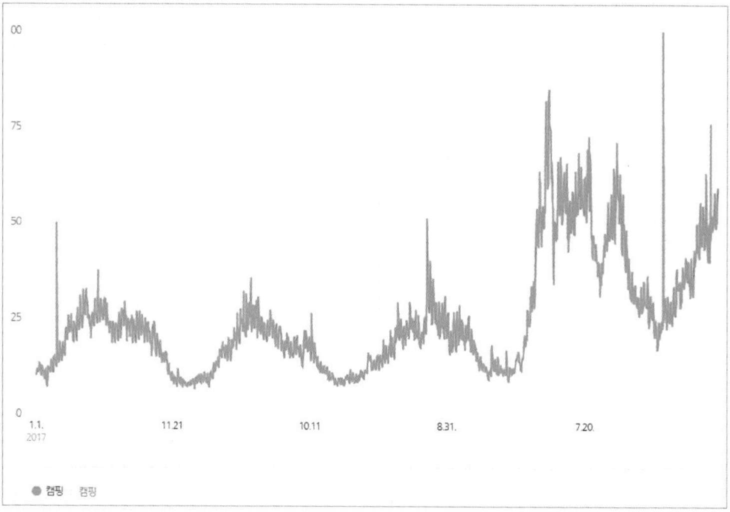


드를 수집해야 합니다. 몇 개를 해야 할까요? 마음 같아서는 다다익선이라고 말하고 싶지만, 적어도 50개 이상은 정리하셨으면 좋겠습니다.

내 아이템을 대표하는 50개의 키워드를 뽑아보셨나요? 검색량까지 점검하셨으면 분기별 검색량 변화를 확인해야 합니다. 네이버 데이터랩(https://datalab.naver.com/)에 들어가 검색어 트렌드를 이용하면 해당 키워드가 1년인 12개월 중에서 언제 가장 검색량이 적고, 언제 가장 검색량이 많은지 직관적인 그래프로 보여줍니다.

검색량이 많아질 때가 그 아이템의 성수기입니다. 마케팅할 때는 성수기가 오기 2~3달 전부터 미리 앞서서 준비해야 합니다. 그 밖에도 네이버 데이터랩에서는 분야별 인기 검색어, 급상승 검색어를 볼 수 있습니다. 현재 대중의 관심사와 트렌드를 읽을 수 있죠. 이를 자사의 상품과 연관지어서 마케팅할 방법을 생각할 수 있습니다.

앞페이지의 사진은 캠핑 키워드를 네이버 트렌드로 조회한 결과입니다. 2017~2019년에 비해 키워드 검색량이 3배 가까이 뛴 모습을 볼 수 있습니다. 코로나 19로 인해 사람이 많은 곳에 갈 수 없게 되자 사람이 없는 야외 캠핑에 관한 대중들의 관심도가 급격하게 올라갔습니다.

그러면 이 캠핑 트렌드에 내가 올라탈 수 있나 없나 생각해봐야 합니다. 칫솔을 판다면 캠핑 칫솔 세트를 만드는 등 내가 파는 제품을 캠핑과 연관지어서 제품의 패키지와 구성품을 변형해서 캠핑 세트를 기획해볼 수 있을 것입니다. 이렇게 키워드를 분석해서 광고를 진행하면 제품이 하나둘 팔리기 시작할 것입니다. 키워드 광고를 하는데도 제품이 안 팔리면 원인은 크게 3가지입니다.

**1. 효과적인 키워드를 선정하지 못했다.**

⇨ 키워드를 바꿔야 합니다.

**2. 노출 순위가 낮아서 클릭이 일어나지 않는다.**

⇨ 키워드 광고는 최소 3등 이내에는 들어야 원활한 클릭이 일어납니다. 입찰가를 높여서 3등 안으로 진입해야 합니다.

**3. 클릭해서 홈페이지에 들어왔지만 구매하지 않고 이탈한다.**

⇨ 앞에서 설명한 대로입니다. 광고 이전에 제품의 차별화, 홈페이지 및 상세페이지 콘텐츠 개선부터 해야 합니다.

간혹 대행사로부터 저렴한 가격에 파워링크 광고 대행을 해드리겠다는 영업 전화가 걸려온다는 사장님이 있습니다. 맨 하단에 순위를 잡아서 클릭은 하나도 나오지 않게 설정해놓고서는 1년 관리해주고 대행비를 받는 안 좋은 사례가 있습니다.

상담 신청을 한 것도 아닌데 먼저 영업 전화가 걸려오는 대행사 경우는 반드시 대면 상담을 통해서 꼼꼼히 점검해보시길 바랍니다. 세미나 또는 강의를 다니면서 항상 말씀드리는 얘기지만 저희마케팅 업계에는 좋은 광고업체도 많지만 그만큼 그렇지 못한 업체도 많습니다. 직접 배워서 광고 설정을 하거나 혹은 파워링크 상품에 대해 정확하게 설명해주고 믿을 수 있는 대행사를 통해 진행하셔야 합니다.

제품, 홈페이지, 상세페이지라는 내실을 튼튼하게 다져서 검색 광고로 제품이 팔려나가기 시작한다면 이제 본격적으로 날개를 강화할 차례입니다. 검색 광고 외의 마케팅을 시작해야 할 타이밍이죠.

이처럼 검색 광고는 내 사업이 테이크 오프를 할 수 있을지 없을지를 판별해주는 일종의 리트머스 시험지 역할을 해줍니다. 일단 내 비즈니스에 PSH-4D 엔진을 장착하고, 네이버 검색 광고를 통해 이륙 테스트를 꼭 해보시길 바랍니다.

그렇다면 이런 질문을 할 수 있습니다. '어떻게 해야 사람들이 구매 버튼을 누르는 상세페이지를 만들 수 있을까요?' 예전에는 제품의 기능을 강조하는 상세페이지가 많았습니다. 그런데 상품이 너무 많아지면서 기능 어필만으로는 구매가 잘 일어나지 않습니다. 이제는 상세페이지 안에 고객의 이목을 집중시키는 내용이 들어가야 합니다. 마케팅을 오래 하신 분들은 그동안 봐온 것이 있어서 끌리는 요소를 잘 알아채지만, 이제 막 온라인 마케팅을 시작하는 분들은 잘 만든 상세페이지를 참고해서 벤치마킹부터 시작하는 것이 좋습니다.

제가 여러 사이트를 본 결과 매력적인 상세페이지가 가장 많은 곳은 바로 와디즈 플랫폼입니다. 아시다시피 와디즈는 완제품을 판매하지 않습니다. 제품이 정식 출시되기 전에 고객의 니즈를 자극해서 크라우드 펀딩을 받는 사이트죠. 결제 직후 바로 제품을 받아볼 수 없고 한 달의 시간을 기다려야 하는 불편함이 있습니다.

그런데도 펀딩 금액이 1억 원을 돌파한 사례가 제법 많습니다. 아직 세상에 없는 제품과 서비스가 있기에 새로움과 변화를 좋아하는 마니아층들이 기꺼이 돈을 냅니다.

와디즈 홈페이지

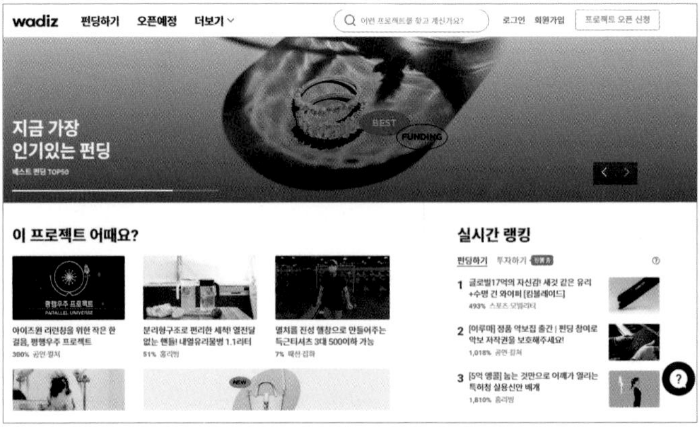

여기에는 와디즈만의 스토리텔링이 들어간 상세페이지가 큰 역할을 합니다. 자사의 상세페이지를 어떻게 만들어야 할지 고민된다면 와디즈 사이트에서 1억 원 이상의 펀딩을 받은 제품 상세페이지를 전부 읽어보시길 바랍니다. 어떤 방식으로 상세페이지를 만들면 되는지 힌트를 얻을 수 있을 것입니다.

혹시 식품을 판매한다면 와디즈 외에 컨비니(www.convenii.io) 홈페이지도 추천합니다. 요즘 들어서 상세페이지에 GIF 파일을 넣는 것이 점차 당연시 되고 있습니다. PC보다 모바일 환경으로 컨비니에 접속해서 상세페이지를 읽어보시면 이미지, 움짤, 스토리텔링을 어떻게 조합해서 상세페이지를 만들면 좋을지 좋은 참고자료가 될 것입니다.

컨비니 홈페이지

03

# 네이버의 성과형 디스플레이 광고 및 네이버 플레이스, 블로그와 체험단 파악하기

온라인 마케팅이 막 시작된 초창기에는 검색 광고가 유일했습니다. 그러다 구글과 페이스북이 타깃 광고를 만들면서 양대 산맥을 형성하

네이버 성과형 디스플레이 광고

게 됩니다. 잠재고객이 검색하는 키워드에 내 아이템을 노출해주는 키워드 광고와 달리, 타깃 광고는 소비자의 데이터를 분석해서 관심사가 맞는 타깃에게 광고가 노출됩니다.

최신 광고 트렌드에 발맞춰 본래 키워드 광고가 주력 상품이었던 네이버도 작년부터 타깃 광고인 성과형 디스플레이 광고를 출시했습니다. 예전부터 꾸준히 타깃 광고를 해온 구글, 페이스북과 비교해서 어떤 장점이 있을까요? 해외 채널인 둘과 다르게 네이버에서 만든 만큼

구매의도 타깃 설정 기능

NPAY 구매의도 카테고리

| NPAY 구매의도 카테고리 | | | | |
|---|---|---|---|---|
| 카테고리 2021. 07. 10 기준 | | | | |
| TV | 멀티미디어가구/거실장 | 반려동물 관리 용품 | 다이어트 식품 | 유아 가구 |
| 공기 청정기 | 선반/책장 | 네일 제품 | 단백질/보충제 | 유아 변기/목욕 용품 |
| 비디오 | 소파 | 립 메이크업 | 비타민/미네랄 | 유아 장난감/게임 |
| 비디오 게임기/타이틀 | 수납장 | 아미 메이크업 | 콜라겐 | 유아 카시트 |
| 세탁기/건조기 | 식탁/테이블 | 페이스 메이크업 | 프로바이오틱스 | 유아동 의류 |
| 에어컨 | 의자 | 구강 케어 제품 | 홍삼 | 신발 상세 보기 |
| 헤드폰/이어폰 | 매트릭스 | 목욕/샤워 제품 | 곡물 | 스니커즈 |
| 가스레인지/인덕션 | 릴넨/침구류 | 미용/위생 용품 | 과자 | 여행가방/가방 |
| 냉장고 | 섬유 유연제 | 바디 보습 제품 | 김치 | 의류 상세 보기 |
| 믹서기 | 세탁 세제 | 선케어 제품 | 베이커리 | 남성 의류 |
| 전기밥솥 | 아웃도어 제품 | 쉐이빙/제모 용품 | 육류/계란 | 속옷/란제리 |
| 전기포트 | 욕실 용품 | 마스크팩 | 조미료/소스 | 골프 의류 |
| 정수기 | 조명 용품 | 스킨케어 기기 | 음료 상세 보기 | 등산복 |
| 커피 메이커 | 주방/다이닝 용품 | 클렌저/세안 제품 | 생수 | 레깅스/타이즈 |
| 튀김기 | 가정용 클리너 | 페이셜 케어 제품 | 에너지/스포츠 음료 | 양말/스타킹 |
| 청소기 | 밀대/패드 | 향수 | 주류 | 여성 의류 |
| 카메라 | 주방 세제 | 드라이기/고데기 | 주스 | 주얼리/시계 |
| 노트북 | 카펫/러그 | 샴푸/컨디셔너 | 차 | 패션 액세서리 |
| 데스크탑 | 탈취제/방향제 | 스타일링/트리트먼트 | 커피 | 핸드백/지갑 |
| 태블릿 | 해충 퇴치 용품 | 냉동식품 | 탄산 음료 | |
| 프린터/복합기 | 화장지 | 면류 | 분유/이유식 | |
| 휴대폰/휴대폰 액세서리 | 간식/사료 | 유제품 | 기저귀/위생 용품 | |

한국 소비자에게 맞춰 최적화가 되어있다는 특징이 있습니다.

요즘은 많은 소비자가 네이버에 최저가를 검색해서 네이버 페이로 물건을 많이 삽니다. 어떤 네이버 아이디가 무슨 제품을 샀는지 모든 데이터를 다 갖고 있습니다. 위의 이미지에 보이는 것처럼 성과형 디스플레이 광고는 네이버 쇼핑의 카테고리를 선택해서 해당 카테고리에 구매이력이 있는 고객들을 대상으로 제품 홍보를 할 수 있습니다. 현재는 약 100가지 카테고리가 있지만, 카테고리가 계속 추가되고 있습니다.

지금부터는 네이버 플레이스, 블로그와 체험단에 대해 살펴보겠습니다. 최근 네이버 플레이스 광고 베타 버전이 시작되었습니다. 이전에는 플레이스에 상위노출을 하려면 예약 리뷰, 영수증 리뷰, 블로그 리뷰를 다수 누적해야만 했는데요. 이제는 파워링크 광고처럼 입찰을

네이버 플레이스 광고

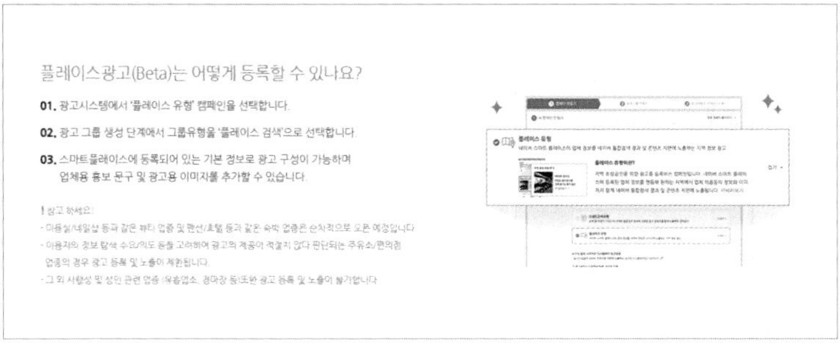

통해 플레이스 상단에 노출할 수 있게 되었습니다.

베타 테스트 기간에는 입찰가 50원으로 플레이스 광고를 신청한 사람들 모두를 랜덤하게 노출해줍니다. 테스트 기간이 끝나면 기존 파워링크 광고처럼 입찰가에 따라 노출 랭킹을 다르게 하고요. 오프라인 기반 사업을 하시는 분들은 지금이라도 빨리 등록해서 최저 입찰가로 플레이스 노출을 하시길 바랍니다.

키워드 광고는 제품이 차별화, 특장점이 있고 경쟁자가 적을수록 유리합니다. 클릭 당 내는 광고비가 적게 나가서 그만큼 광고효율이 올라가기 때문이죠. 반대로 대중적인 시장일수록 입찰 경쟁이 심해서 광고비 부담이 큽니다.

검색 광고로 팔리기는 하는데 단가가 비싸서 큰 재미를 못 봤다면 네이버의 꽃이라고 할 수 있는 '블로그 후기 마케팅'으로 넘어가 예산을 낮춰볼 수 있습니다. 블로그를 이용한 마케팅에도 다양한 방법이 있는데요. 가장 기본적으로 해야 할 것이 블로그 체험단 운영입니다.

앞에서도 몇 번 언급했다시피 요즘은 소비자들이 어떤 제품을 구매할 마음이 들면 일단 회사명, 제품명, 브랜드명, 상호명을 네이버에 검색합니다. 먼저 사용해본 사람의 후기, 리뷰를 읽고 구매여부를 결정하려는 것이죠.

검색했는데 리뷰, 후기가 하나도 없거나 부정적인 상품평이 있으면 어떨까요? 살려고 했던 사람도 마음을 바꿔서 다른 제품 후기를 읽고 그걸 구매합니다. 그래서 제품이 좋아야 하는 것은 당연하고, 체험단을 통해 사람들이 내 제품을 검색했을 때 읽을 긍정적인 리뷰와 후기를 최대한 많이 확보해야 합니다.

체험단 마케팅에 대해 사람들이 오해하는 것이 하나 있습니다. 체험단을 한 달만 해야지, 3개월만 하고 말아야지 기간을 한정하는 것입니다. 체험단은 매달마다 꾸준히 진행해줘야 합니다. 한두 개의 키워드에서 멈추지 말고 다양한 키워드에 사용 후기를 노출해서 고객 접점을 늘려야 하며, 가급적 신선한 최신 후기를 보여줘야 합니다.

소비자들은 후기를 찾을 때 내 회사, 제품, 상호명, 브랜드명 키워드를 검색합니다. 그런데 후기가 6개월 전, 1년 전 후기라면 아무래도 미심쩍겠죠? 1달 전, 1주일 전, 1일 전 후기라면 믿음이 갑니다.

그리고 후기량도 중요합니다. 사람은 본능적으로 많은 사람이 이용하는 상품에 이끌립니다. 안심이 되기도 하고, 많은 사람이 이용하는 데에는 다 이유가 있다고 생각합니다. 우리가 점심 먹을 때 바깥에 나가도 손님이 줄 선 가게를 찾게 되고, 배달앱도 높은 평점의 후기가 많은 곳에서 주문하듯이 말이죠. 고객이 우리 회사 관련 키워드를 검색했는데 후기가 10개 뜨는 것보다는 100개, 100개 뜨는 것보다는 1000개 뜨는 것이 믿음을 줄 수 있습니다. 체험단을 달마다 꾸준히 진행해서 데이터를 누적하시길 바랍니다.

특히 C랭크와 DIA 로직이 생기고 난 이후 블로그 체험단의 중요성은 더더욱 높아졌습니다. 예전과 달리 대행사 블로그 상위노출이 점점 힘들어지고, 특정 분야에 대해 양질의 포스팅을 꾸준히 작성해온 진성 블로거들의 포스팅이 상위노출 되고 있습니다.

만약 예산과 인력이 충분하다면 처음부터 내 아이템과 관련된 키워드 상위노출을 노리고 C랭크 최적화 블로그를 육성하는 것도 방법입니다. 그러나 어느 정도 노출이 되는 최적화까지는 상당한 시간이 걸리기 때문에 바로 효과를 볼 수 있는 체험단 마케팅을 꼭 병행하시길 바랍니다.

체험단을 진행하는 방법은 크게 2가지가 있습니다. 직접 모집하는 방법과 대행사를 통해 모집하는 방법인데요. 내 제품에 관한 다수의 리뷰와 후기를 확보하는 것이 주된 목적이라면 대행사를 통해 빠르게 대량 모집하는 것이 좋습니다. 키워드 상위노출이 더 중요하다면 직접 모집을 추천합니다.

대행사를 통해 모집하는 방법은 간단합니다. 포털에 체험단 마케팅이라고 검색하면 뜨는 키워드 광고를 클릭해보세요. 이 가운데 체험단 마케팅을 전문으로 하는 대행사가 있을 것입니다. 연락해서 설명과 견적을 듣고 가장 마음에 드는 업체에 의뢰하면 됩니다. 그러면 담당자와 소통하면서 체험단을 진행할 수 있습니다.

직접 모집은 대행사에 비해 저렴하고 상위노출 확률이 높은 대신 모집에 대한 번거로움은 있습니다. 먼저 내가 상위노출 하려는 키워드를 검색해서 나온 블로그를 쭉 보면서 체험단을 요청할 후보를 정리합니다. 그다음 정중한 문체로 체험단 요청 쪽지를 보냅니다. 쪽지를 보냈으면 블로거가 올린 최신 글에 쪽지를 보냈으니 한 번 확인해달라고 비밀댓글을 답니다. 요청에 응하는 블로거들을 대상으로 체험단을 진행하면 됩니다.

보통 체험단 마케팅은 후기를 써주는 대신 제품, 서비스를 증정하거나 원고비를 지급합니다. 이 부분은 회사 실정에 맞게끔 정한 다음 블로거와 협상을 통해 포스팅의 대가로 무엇을 제공할 것인지를 정하면 됩니다.

상위노출이 잘 되려면 아무 블로거나 모집해선 안 됩니다. 글을 발행했을 때 상위노출 잡을 확률이 높은 블로거에게 맡겨야 마케팅 효과를 볼 수 있습니다. 일단 저희가 체험단 마케팅을 진행할 때 모집하는 기준은 아래와 같습니다.

**블로그 모집 기준**

① 블로그 일일 방문자 3,000명 이상

② 전체 게시글 1,000개 이상

③ 2015년 10월 이전 첫 활동을 시작한 블로그

경험상 이렇게 3가지 조건을 만족하면 최상위권 블로그이기에 경쟁이 치열한 키워드로 글을 써도 상위노출이 잘 되었습니다. 다만 이때 1,000개의 게시글은 블로그 주인 손수 작성한 글이어야 합니다. 만약에 공유글이 대부분이라면 그 블로그는 제외해야 합니다.

또 ①번 조건도 주의해야 합니다. 간혹 프로그램을 이용해서 일일 방문자를 높이는 블로거가 있습니다. 일일 방문자가 진짜인지 가짜인지 구별하기 위해서는 블로거가 가장 최근에 올린 포스팅의 키워드를 검색해서 상위노출이 되어있는지 점검하면 됩니다. ①~③ 조건을 전부 충족하는 블로거에게 연락해서 '체험단을 하겠다'는 답장이 오면 어떤 키워드로 어떻게 글을 써주면 좋겠다는 가이드를 보내줍니다. 체험단 가이드 예시는 다음과 같습니다.

**체험단 가이드 예시**

제공 내역: 5만 원 상당의 제품 증정

① 사진 : 20장 이상

② 동영상 : 2개 이상

③ 글자 수 : 1,000자 이상

④ 키워드: 비타민 추천

만약 위에서 말한 3가지 조건을 전부 충족하는 블로거가 가이드를 지켜서 글을 썼는데도 상위노출에 실패했다면 C랭크 키워드일 가능성이 높습니다. C랭크 키워드는 해당 업종 관련 블로거를 섭외하면 상위노출이 더 잘 됩니다. 예를 들어 인테리어 제품이라면 평소 블로그에 꾸준히 인테리어에 관한 글을 써온 사람을 컨택하고, 자동차 용품이라면 자동차 블로거를 섭외하면 됩니다.

04

# 소비자 니즈를 알기 가장 좋은 채널, 네이버 카페

네이버 카페는 소비자 니즈를 읽기 가장 좋은 채널입니다. 특정 주제에 관심 있는 사람들이 모인 인터넷 커뮤니티이기 때문이죠. 앞서 시장조사를 할 때 검색포털에 제품 카테고리 키워드를 검색해서 쇼핑 상품평, 블로그 후기를 쭉 읽고 검색 광고 센터에서 추출한 키워드를 데이터랩에서 1년 변화 추이를 살펴보라고 말씀드렸는데요.

같이 하면 좋은 작업이 내 사업 아이템과 관련된 대표 카페들을 찾아서 사람들 사이에 어떤 여론이 형성되고 있는지 보는 것입니다. 예를 들어 내가 아몬드를 판다면 견과류를 자주 구매하는 맘카페나 건강·운동 카페에 가서 회원들이 아몬드에 관해 어떤 이야기를 하는지, 어떤 생각을 하는지 봐두면 상품 기획, 상세페이지 제작, 광고 소재 제작의 힌트를 얻을 수 있습니다.

경험상 이 방법이 전문 리서치 기관을 이용해서 설문조사를 하는 것보다 훨씬 간편하면서도 비용은 하나도 들지 않기 때문에 시간을 내어 꼭 해보시는 걸 추천합니다. 카페 마케팅에는 다음과 같은 방법이 있습니다.

① 카페 직접 운영

② 협력 광고 마케팅

③ 카페 침투

이렇게 3가지 방법이 있습니다. 일단 카페를 직접 운영하는 것은 2000년도 초 정말 많은 활성화가 되었고 운영자체에서 큰수익과 활용성도 대단했습니다. 하지만 최근 들어서는 권장을 드리지는 않습니다. 블로그는 담당자 한 명을 정해서 키우면 되는데 카페는 최소 2명 이상이 계속 콘텐츠를 발행하고, 이벤트를 열고, 게시글·댓글·회원을 관리해야 합니다. 물론 카페 육성에 성공했을 때 매출에 큰 도움이 되는 건 사실입니다. 올바른 카페 운영의 예시로 아토피 관련 카페를 한 곳 보여드리겠습니다.

예를 들 옆 페이지의 카페는 아토피에 걸린 자녀를 치유한 운영자의 경험을 바탕으로 만들어졌습니다. 아토피 치유법을 다룬 책도 출판해서 사람들이 책을 보고 치료과정을 따라 하는 후기가 카페 내에 계속 쌓이고 있습니다. 그걸 본 다른 사람들도 '이 방법이 진짜 아토피 치료

아토피 카페 사례

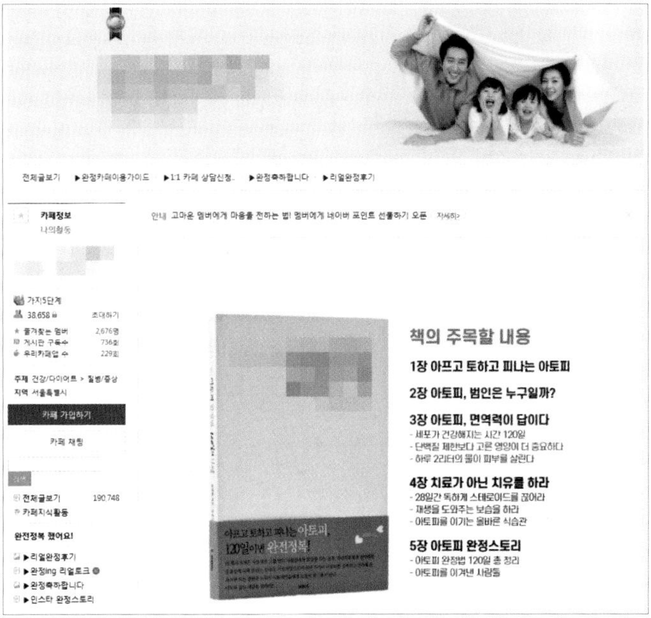


에 효과가 있구나' 하고 생각하게 됩니다.

카페는 블로그와 달리 글만 쓴다고 끝이 아니라 이처럼 사람들의 참여를 일으켜야 합니다. 게임에서 레벨업을 하는 것처럼 단계를 만들어서 1단계를 달성하면 혜택을 주고, 2단계를 달성하면 더 좋은 혜택을 주는 식으로 시스템을 만들고, 행동을 촉진하는 이벤트도 꾸준히 진행해서 많은 사람이 카페에서 활동할 수 있도록 운영해야 합니다.

이 전체적인 흐름을 기획하고 관리할 수 있는 똑똑한 마케터가 아니면 카페를 직접 운영하여 효과를 보기가 매우 힘듭니다. 카페 하나를 육성하는 데 들어가는 시간, 인력, 비용을 고려할 때 같은 노력과 자원이 들어간다면 저는 차라리 유튜브를 더 추천합니다. 카페가 나쁘다는 말이 아니라 그만큼 최근 유튜브의 마케팅 파급력이 더 향상되고 있다는 뜻입니다. 카페 카테고리에는 이미 웬만한 분야 아이템의 대형 커뮤니티가 형성되어 있습니다. 굳이 카페를 직접 운영하지 않더라도 대형 카페와 제휴를 맺어서 마케팅 효과를 볼 수 있습니다.

예를 들어 탈모 관련해서 유명한 카페가 있습니다. 이 카페 메인 페이지에는 20개의 배너 광고가 걸려있습니다. 배너를 클릭하면 병원 소개 페이지가 열리고요. 카페 운영진에게 월 광고비를 내고 진행하는 대

탈모 카페 운영 사례

표적인 협력 마케팅 사례입니다.

자세한 금액은 업종과 카페 회원 수마다 달라지기에 카페 장이나 스태프에게 문의해봐야 합니다. 병원 광고 같은 경우 한 달에 몇백만 원을 내기도 하는데요. 그런데도 20개 넘는 병원이 배너광고를 하는 이유는 그만한 효과가 있기 때문입니다.

탈모 치료에 니즈가 깊은 잠재고객이 못해도 한 달에 50명 이상 문의가 들어오고, 이 중 3명만 탈모 이식 치료를 받아도 협력 광고에 들어가는 비용 이상의 돈을 벌 수 있습니다. 병원은 시술 1건 1건에 관한 객단가가 비싸서 광고비도 비싸지만, 만약 객단가가 낮다면 그만큼 광고비도 내려갑니다.

카페 배너 광고를 했는데 효과가 없다는 분들이 계십니다. 블로그 체험단 모집에도 프로그램을 쓰는 가짜 블로그를 걸러내야 하는 것처럼 카페도 겉보기에만 좋은 카페인지, 내실이 있는 카페인지를 판별해야 합니다. 카페 회원 수가 많은 것처럼 보여도 정작 진짜 회원은 얼마 없을 수 있기 때문이죠.

어떻게 알아볼 수 있을까요? 카페의 연혁을 봐야 합니다. 예를 들어 한 신형 자동차 카페를 보면 해당 모델은 작년에 나왔는데 카페는 생성 10년 이전부터 운영된 걸 볼 수 있습니다. 어찌 된 영문일까요? 연혁since에 들어가서 카페가 걸어온 역사를 보면 해마다 그해의 신차 이름으로 카페가 바뀌어 온 것을 볼 수 있습니다. 심지어 최초에는 아이돌 가수 팬클럽 카페였습니다.

이 말은 이 카페의 회원 절반 정도는 자동차에 관심이 많은 진성 회원이 아니라는 이야기입니다. 카페는 돈을 받고 운영자 권한을 양도하는 식으로 사고파는 경우가 많습니다. 협력 광고를 진행할 때는 계속해서 간판을 바꾸지 않아서 회원에 허수가 없는 진성 카페를 찾아내야 진정한 효과를 볼 수 있습니다.

마지막으로 침투 마케팅입니다. 바이럴 마케팅 회사가 자주 하는 방식인데요. 다수의 네이버 계정을 이용해서 제품에 관한 글을 타깃 카페에 꾸준히 올리는 것입니다. 세월이 흐를수록 글을 쓰는 형태가 점점 지능적으로 바뀌고 있습니다. 대놓고 제품을 홍보하면 상업적이라고

네이버 데이터랩 인기 검색어

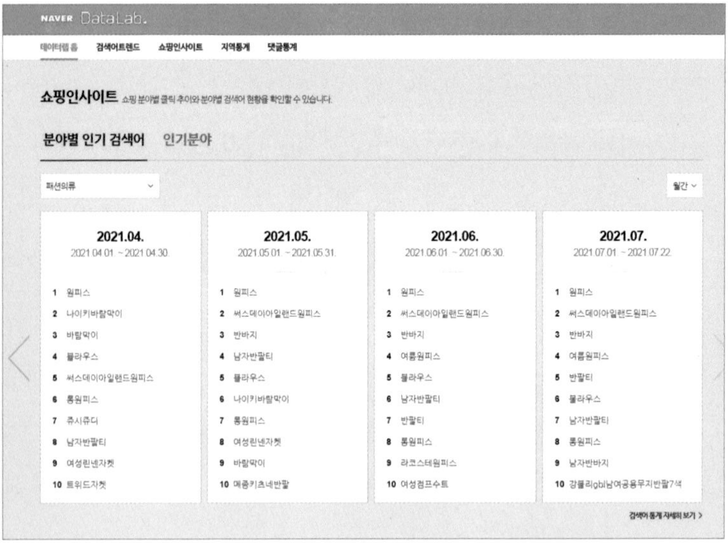


출처: https://datalab.naver.com

글이 삭제당하고 아이디는 정지 처분을 받기에 네이버 지식인처럼 질문 글을 쓰고 답변 댓글을 다는 식으로 활동합니다.

예를 들어 캠핑 제품을 홍보한다면 "제가 북한산에 가려는데 이런 캠핑 제품을 본 적 있는데 어떤 건지 아시는 분 있나요?", "제가 요즘 취미로 캠핑을 시작했는데 '~한 것이 고민인데' 어떻게 해결하면 좋을까요?" 등 상업적인 느낌을 주지 않는 다양한 질문을 생각해야 합니다.

만약 침투 마케팅을 한다면 사전에 카페 모니터링과 네이버 데이터랩을 통해 시장조사부터 해야 합니다. 그래야 대중이 내 제품에 대해 어떤 이야기를 하고, 어떤 점에 관심이 있는지 파악할 수 있고 여기서부터 창의적인 질문을 할 수 있습니다.

이 밑조사를 하지 않으면 타깃 고객이 실제 어떤 생각을 하고 이 제품을 사고, 이용하는지 몰라서 "얼마 전에 이 제품 써보니까 너무 좋았어요."와 같은 1차원적인 질문만 떠올라 글을 쓸 소재가 금방 고갈됩니다. 소비자와 공감대가 형성되는 섬세한 질문이 나오지 않으니 마케팅 효율이 떨어질 수밖에 없죠. 대행을 맡기더라도 내 제품에 관심이 있을 타깃이 활동할 카페를 가입해서 글을 쭉 읽어본 다음 내용을 정리해서 주면 더 효과가 좋을 것입니다.

05

# 지식인, 다음과 구글 정말 이용하시나요?

지식인은 네이버가 다음과의 경쟁에서 승리하여 우리나라의 메인 검색포털 자리를 차지하게 해준 1등 공신이지만, 현재로서는 갈수록 마케팅 효율이 떨어지고 있습니다. 실제 2년 전부터 광고주들로부터 지식인 관련 대행 의뢰는 거의 들어오지 않습니다.

왜 그럴까요? 사람들이 궁금한 게 없어진 걸까요? 그것은 아닙니다. 여러분은 궁금증이 생기면 지식인을 이용하시나요? 아마 먼저 유튜브에 검색하는 분이 많을 것입니다. 요즘은 알고 싶은 것이 있으면 유튜브에 검색만 해도 너무나도 많은 정보가 쏟아집니다. 굳이 지식인에 질문을 올릴 필요가 없는 것입니다. 광고성 답변이 너무 많기도 하고요.

그런데 유튜브에는 각 분야 전문가들이 올린 다양한 정보가 있습니다. 영상을 다 보고도 해결되지 않은 궁금증이 있으면 영상 아래에 댓글로 질문을 남기면 유튜버가 답글을 달아줍니다. 그래서 최근 지식인 마케팅은 효과가 예전만 못합니다. 향후 네이버가 지식인에 새로운 서비스를 도입하지 않는 이상 지식인 플랫폼은 당분간 내림세를 탈 것으로 전망됩니다.

대한민국에서 검색 점유율이 가장 높은 포털사이트 셋을 들자면 네이버, 구글, 다음입니다. 그런데 3등인 다음은 마케팅 효과가 미비합니다. 네이버보다 검색량이 5분의 1 정도입니다. 키워드 광고를 걸어놔도 클릭률이 현저하게 적습니다.

구글은 최근 검색량이 많이 늘어나서 다음보다 사정이 낫습니다. 그런데 구글에 정보를 찾는 경우는 대체로 '~를 하는 방법How To'인 콘텐츠를 찾는 이들이 많습니다. 아직 소비자들은 제품 구매, 리뷰, 후기 콘텐츠는 네이버를 찾습니다.

키워드 광고 상품도 있지만 구글도 광고 상품이 여러 종류가 있기에 같은 비용으로 디스플레이 배너 광고나 유튜브 광고를 하는 편이 좀 더 효과적입니다. 판매와 후기 관련해서는 다음, 구글까지 하는 것보다 네이버에 집중하는 편이 좋습니다.

네이버 마케팅 성공사례

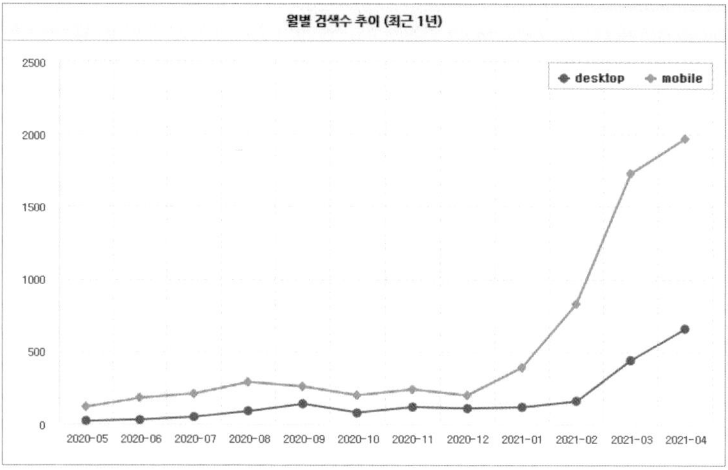


위의 이미지는 21년 5월 기준으로 오로지 네이버 체험단, 키워드 상위노출, 카페 마케팅만으로 광고주 키워드 검색량을 기존 대비 10배 가까이 끌어올린 사례입니다.

한두 달 공격적으로 광고해서 반짝 광고 효과를 볼 수도 있지만, 고객의 인식을 바꾸는 마케팅이 필요할 때도 있습니다. 이럴 때는 최소 3~6개월 지속적인 마케팅이 필요합니다. 위의 광고주도 2020년 12월부터 1월까지는 매출과 검색량 변화가 높지 않았습니다.

저희 역시 여러 가지 가설을 세우고, 이를 검증해가며 업체에 딱 맞는 효과적인 마케팅 방법을 찾아가는 과정이 필요합니다. 3개월 이상 꾸준한 마케팅을 통해 21년 2월부터 검색량과 매출이 동시에 상승하기 시작했습니다.

네이버 광고, 블로그, 카페 등 한 번에 적중해서 광고주의 아이템과 가장 효과가 좋을 걸 찾는 일도 있지만 꽤 시간과 테스트가 필요한 경우가 더 많습니다.

CHAPTER 2

# SNS, 딱 이것만 알고 시작하자

01

# SNS로 잘 팔리는 제품은 따로 있다

SNS는 소셜 네트워크 서비스Social Network Services의 줄임말로 사람과 사람을 연결해주는 서비스입니다. 다들 아시는 페이스북과 인스타그램이 SNS의 대표주자입니다. 마케터들을 보면 네이버와 같은 포털 대응은 잘하는데 SNS는 잘 못 하거나, SNS의 효과는 좋은데 포털 관리는 잘 못 하는 마케터도 있습니다. 왜 그럴까요? 두 채널의 성격이 완전히 달라서 그렇습니다.

검색엔진 마케팅의 본질은 소비자가 원하는 키워드에 관련된 정보를 제공하는 것입니다. 제품을 검색한 소비자가 제품의 정보, 후기를 비교한 끝에 내 제품을 구매합니다. 일단 검색했다는 이야기는 니즈가 있다는 뜻이 되므로 구매전환이 높다는 특징이 있습니다.

페이스북과 인스타그램 등 SNS는 어떨까요? 저는 인스타그램을 자

네이버와 인스타그램의 차이

주 하는데 주로 사진을 올리고 친구들의 근황이 궁금해서 접속합니다. 조금 전 찍은 사진을 업로드하고 친구들의 피드를 보면서 공감, 댓글을 다는데 갑자기 중간에 하나씩 광고가 뜨게 됩니다.

아마 여러분도 저와 비슷한 이유로 SNS를 사용하실 겁니다. 쇼핑하고 싶어서 SNS를 여는 사람은 많지 않습니다. 이런 기본적인 특징을 간과하고 네이버 마케팅을 하듯이 접근하면 안 되겠죠? SNS로 즉각 구매를 노리기보다는 내 제품을 최대한 많이 알려서 광고를 본 사람들이 검색 포털에 재검색하는 걸 유도해야 합니다.

'어? 샴푸 광고를 하네? 이 샴푸 괜찮은 것 같은데 후기 한 번 봐볼까?'
'이 샴푸 괜찮은 것 같은데 다른 비슷한 샴푸는 없을까?'

앞서 말씀드린 것처럼 대중적인 상품일 경우 먼저 홈페이지와 상세페이지를 만들고, 키워드 광고로 검토를 마친 다음, 체험단 마케팅으로 상위노출 및 충분한 후기량을 누적한 후 SNS 마케팅으로 많은 사람에게 알리는 것이 순서입니다.

간혹 SNS 마케팅을 통해 막강한 매출을 올리는 이커머스 회사가 있습니다. 흔히 'SNS 대란템'이라고 부르죠. 유독 SNS로 잘 팔린 제품들을 보면 다음과 같은 공통점이 있습니다.

① 시장에 없는 새로운 제품

② 사람들이 많이 쓰던 제품의 단점을 보완한 제품

③ 가격이 10만 원 밑의 충동구매가 가능한 저가 제품

④ 일상 활용도가 높은 실용적인 제품

⑤ 동영상으로 비포 앤 애프터Before & After를 직관적으로 보여줄 수 있는 제품

즉, SNS를 하면서 스크롤을 내리다가 광고가 떴을 때 무언가 유용해 보이면서, 가격이 낮아 쇼핑에 실패하더라도 큰 리스크가 없는 제품들, 다시 말해 충동구매에 최적화된 제품들이 잘 팔립니다.

반대로 임팩트가 없는 일반적인 제품, 한정된 사람만 쓰는 제품, 가격이 비싸거나 접근성이 어려운 제품들은 관심을 받지 못하고 잊혀집니다. 위의 조건을 충족하는 10만 원 아래의 저가 제품은 바로 SNS로 팔아볼 수 있지만, 그보다 비싼 고가의 제품을 SNS 마케팅으로 팔려면 본 상품을 보여주는 것보다 본 상품과 연결되는 저가의 미끼 상품을 따로 만들어 광고하는 편이 좋습니다. 예를 들어 비싼 청바지를 판다면 저렴한 양말 세트를 먼저 보여준 다음에 쇼핑몰에서 연관 제품으로 보여주는 겁니다.

그리고 내 쇼핑몰에서만 살 수 있는 독점 제품이 아니라면 광고를 해도 소비자들이 포털에 검색하여 비슷하면서 더 저렴한 제품을 사기 때문에 구매전환이 일어나지 않습니다. 반드시 차별화를 더해서 우리 회사만이 제공할 수 있는 독보적인 제품을 만들 필요가 있습니다.

만약 고가 제품을 판매한다면 충동구매가 어려우므로 본 상품으로 바로 스폰서 광고를 하지 말고, 미끼 상품을 하나 만드시길 바랍니다. 의류 쇼핑몰에서 자주 쓰는 방법입니다. 가을 시즌을 대비해서 20만 원의 가죽 재킷을 팔고 싶다면 4~5만 원 정도 가격대의 면바지를 후원자 광고로 보여줍니다. 저렴한 면바지 광고를 클릭해 쇼핑몰에 들어왔더니 이 면바지와 잘 어울리는 코디 제품으로 고가의 가죽 재킷을 함께 보여주는 것이죠.

광고 소재를 제작할 때도 판매를 노리고 이미지, 영상을 만들기보다

판매를 노린 소재 1 vs 관심을 노린 소재 2

는 관심을 노리고 콘텐츠를 제작하는 편이 성과가 좋습니다.

H 사의 인스타그램 후원자 광고 대행 사례입니다. 소재 1은 판매를 노리고 만든 콘텐츠입니다. 이벤트 경품을 전면에 내세웠습니다. 반면에 소재 2는 관심을 노리고 만든 콘텐츠입니다. 제품, 서비스, 이벤트에 관한 내용은 없고 호기심을 자극하죠. 광고 집행 결과는 어땠을까요? 동일 비용을 썼을 때 소재 2가 소재 1보다 5배 많이 클릭이 되었습니다.

이번에는 P사 차량용 공기청정기 사례입니다. 왼쪽 소재 1은 미세먼지가 각종 바이러스와 암을 유발하니 건강을 위해 차량용 공기청정기가 필요하다는 내용입니다. 판매를 노리고 만든 콘텐츠죠.

오른쪽 소재 2는 아이의 그림일기인데 자동차에 이상한 것(차량용 공기청정기)이 있다는 내용입니다. 궁금증을 불러일으키는 관심을 노리고 만든 콘텐츠입니다. 무엇이 더 성과가 좋았을까요? 소재 2가 10배 이상의 클릭을 많이 받았습니다.

판매를 노린 소재 1 vs 관심을 노린 소재 2

02

# 영원한 대세는 없다? 페이스북의 교훈

많이들 사용하시는 SNS에는 페이스북과 인스타그램이 있습니다. 마크 저커버그가 10억 달러로 인스타그램을 인수하면서 사실상 둘이 같은 회사가 되었습니다. 페이스북이 고객 정보 해킹과 보안 관련 이슈가 연달아 터지면서 지금은 사람들이 인스타그램으로 대거 이동했으며, 페이스북 본사에서도 인스타그램 서비스에 좀 더 초점을 두고 있습니다.

제 경험상 페이스북 계정을 키우거나, 유료 광고를 집행하는 것보다 인스타그램 광고를 하는 편이 광고 효율이 높아지고 있습니다. 불과 4~5년 전만 하더라도 페이스북 페이지에 팔로워를 늘리면 게시글 1개를 발행할 때 많은 사람이 글을 읽었습니다. 그런데 해가 갈수록 페이지 도달률이 떨어지고 있습니다. 2012년에 16퍼센트였는데 2014년에는 6.5퍼센트입니다. 지금은 2021년이니 3퍼센트 정도 될까요? 페이스북에서 페이지 도달률을 계속해서 떨어뜨리는 이유는 자명합니다. 페이스북으로서는 광고주가 페이스북 광고를 해야 돈이 되는데, 페이지 도달률이 높으면 팔로워 많은 페이지 운영자에게 돈을 내기 때문입니다.

이런 생태계는 네이버 때와 흐름이 비슷합니다. 광고대행사가 블로그 상위노출 대행으로 많은 돈을 벌자 네이버는 블로그의 로직을 계속해서 바꾸고 있습니다. 페이스북도 똑같습니다. 페이지 도달률을 떨어뜨리면 사람들은 페이지 운영자에게 돈을 주고 광고 대행을 맡기는 것이 무의미하다는 것을 알게 될 것이고, 같은 돈으로 직접 스폰서 광고를 하게 됩니다.

지금 대형 페이스북 페이지를 보면 전성기 때는 광고가 늦어도 이틀에 한 번은 올라왔는데 지금은 콘텐츠 발행주기도 길어졌고, 광고도 거의 찾아볼 수 없습니다. 많은 팔로워를 모았으나 페이스북 페이지가 더는 돈이 되지 않는 것입니다.

여기서 배울 수 있는 교훈은 어떤 채널이든 로직은 계속 바뀌므로 영원한 전성기는 없다는 것입니다. 그러므로 채널이 잘 나가서 구독자, 팔로워가 많을 때 고객을 최대한 자사 홈페이지에 가입시켜야 합니다.

앞에서도 말한 한 패션관련 유튜버는 본인이 운영하는 유튜브 채널을 통해 영상을 올리면서 늘어난 구독자를 꾸준히 카페로 가입시키고 있습니다. 8만 명의 회원을 모았죠. 대형 플랫폼의 로직에서 자유롭고 스크립트 활용도 자유로운 홈페이지를 만드는 것이 최고지만, 당장 홈페이지를 구축할 환경이 안 된다면 네이버 카페로 시작하는 걸 추천합니다. 워낙 많은 업체가 카페를 홈페이지 대용으로 쓰고 있어서 그런지 소비자들도 카페에 친숙한 편입니다.

유튜브는 채널 운영자 중심의 플랫폼입니다. 채널 운영자의 영상이 업로드되면 관련 댓글이 달립니다. 최근 커뮤니티 기능이 추가되긴 했지만, 여전히 유튜브의 아쉬운 점은 영상을 제쳐놓고 구독자들끼리 서로 소통하기는 어렵습니다. 100만 관객이 스크린을 구경하는 영화관은 만들 수 있을지언정, 왁자지껄한 광장을 만들 순 없는 것이죠.

만약 지금 페이스북, 인스타그램, 유튜브 등 마케팅 채널을 운영하면서 다수의 구독자, 팔로워를 모았다면 홈페이지나 카페 등 나만의 커뮤니티를 만들고 이곳에 팬들의 가입을 유도해서 팬들끼리 소통할 수 있도록 해야 합니다. 유튜버의 장기적인 관점에서 생각해본다면 훗날 외부 광고를 진행할 때도 유리합니다. 유튜브 채널에 콘텐츠만 올리는 것보다 카페 광고까지 함께 진행한다면 더 높은 가격을 제시할 수 있으니까요.

페이스북에 대해 말하다가 갑자기 홈페이지, 카페 이야기를 장황하게 늘어놓은 이유는 그만큼 '영원한 채널은 없다'라는 걸 강조하고 싶어서입니다. 여러분은 카카오스토리의 전성기를 기억하시나요? 7~8년 전만 하더라도 우리나라의 대세 플랫폼이었습니다. 아직 페이스북에 사용자가 많이 모이지 않았고, 국민 모두 사용하는 카카오톡과 바로 연결이 되었기에 최초의 SNS로 자리 잡았죠. 카카오톡을 쓰는 사람은 모두 카카오스토리를 쓰던 시절이 있었는데 지금은 제 주변에 누구도 카카오스토리를 쓰지 않습니다.

카카오스토리 다음 타자인 페이스북도 점차 인스타그램으로 사람들이 이동하고 있습니다. 이처럼 소비자들은 계속해서 더 좋은 채널로 이동합니다. 지금은 인스타그램과 유튜브가 대세지만 앞으로 어떻게 될지는 아무도 모르는 일입니다.

한 대세 플랫폼에 사람이 몰리게 되면 필연적으로 이를 비즈니스에 이용하는 사람이 생기고, 광고가 붙게 됩니다. 당시에도 카카오스토리에서 공동구매로 제품을 파는 대형 카카오 채널들이 생겼고 T 채널의 경우 네이버 대형 맘카페와 맞먹을만한 영향력을 가진 채널로 성장했습니다. 게시글 하나를 올리면 댓글이 기본 3,000개가 달릴 정도였으니까요.

이렇게 효과가 좋으니 당시 저도 광고를 해보려고 담당자와 통화를 하였고, 게시글 하나 올리는데 300만 원을 줘야 한다는 사실을 알게 되었습니다. 금액을 듣고 고민만 하다가 결국 진행하지는 않았습니다. 그 후로도 카카오스토리가 쇠락의 길을 걸을 때까지 쭉 T 채널을 지켜봤는데요.

'영원한 전성기는 없다'는 사실을 미리 예견이라도 했던 걸까요? 광고가 늘면서 수익 일부를 투자해 애플리케이션 개발을 하셨고 가입 이벤트를 개최해서 카카오스토리 팔로워들을 자사 홈페이지와 애플리케이션으로 유도했습니다.

시간이 지나서 유저들이 페이스북으로 대거 이동하면서 카카오스토리는 몰락했습니다. 그러나 T 채널은 이미 많은 팔로워를 홈페이지, 애플리케이션으로 옮겨뒀기 때문에 그 DB를 활용해서 비즈니스를 이어나갈 수 있었죠.

카카오스토리를 통해 제품을 파는게 아니라 애플리케이션을 설치한 사용자들에게 곧바로 판매를 진행할 수 있게 된 겁니다. 덕분에 다른 카카오 채널 판매자들이 큰 손해를 볼 때 상대적으로 피해를 줄일 수 있었습니다.

이전 책에서도 말씀드린 것처럼 한 바구니에 달걀을 모두 담는 건 위험한 행동입니다. 제가 아는 지인 한 분은 팔로워 3~4만 명의 SNS 계정을 갖고 있었습니다. 그런데 어느 날 해킹을 당해버렸습니다. 고객센터에 연락해 비밀번호를 되찾았지만 이미 계정의 모든 정보와 자료가 삭제된 후였습니다. 당연히 팔로워도 다 날아갔고요.

졸지에 0부터 계정을 다시 키워야 하는 처지가 된 것입니다. 마케팅 채널에 다수의 구독자, 팔로워를 확보하고 금전적 여유도 생기면 꼭 내가 온전히 제어할 수 있는 자사 몰을 구축해서 가입자 이벤트를 통해 고객 DB를 백업해둬야 합니다.

지금 마케팅 채널의 전성기는 페이스북에서 인스타그램, 유튜브로 이동했지만 이 두 채널도 블로그와 페이스북처럼 앞으로 점점 엄격해질 것입니다. 사람이 많이 몰리는 플랫폼에는 그만한 사회적 책임이 생기기에 뒷광고, 유튜버 인성 논란 같은 이슈를 잠재울 시스템이 생기게 됩니다. 아마 조만간 신고가 누적되면 페널티를 당하는 기능이 생기지 않을까 예상합니다. 혹은 계정에 구독자가 많아도 큰 마케팅 효과를 못 누리는 날이 올지도 모릅니다. 거듭 말씀드리지만 한 채널에 모든 걸 걸지 마시고 자신이 모든 걸 통제할 수 있는 홈페이지를 병행하시길 바랍니다.

다시 본론으로 돌아오겠습니다. 페이스북은 계정과 페이지를 만들어놓고 공지사항을 올리는 정도로 운영하는 건 괜찮습니다. 그러나 예전처럼 페이지 팔로워를 늘리겠다고 페이스북 육성에 큰 시간과 돈을 투자하는 건 추천하지 않습니다.

꼭 페이스북 마케팅을 하고 싶다면 현시점에서 그나마 효과가 가장 좋은 건 스폰서 광고입니다. 또 어떤 분은 페이스북은 안 하고 인스타그램만 하겠다고 하는데 그렇다 하더라도 페이스북 계정을 만들어서 인스타그램 계정과 연동 정도는 해두세요. 어차피 인스타그램 광고를 하려면 페이스북 관리자에 접속해야 합니다. 모바일 버전으로 인스타그램 인 앱 광고를 할 수도 있지만, 페이스북 관리자만큼 섬세한 설정을 못 합니다. 즉, 페이스북 광고를 하든 인스타그램 광고를 하든 페이스북 비즈니스 관리자는 반드시 사용해야 합니다.

03

# 진정한 인플루언서 마케팅, 인스타그램

페이스북이 인스타그램을 인수했지만, 지금은 주객전도가 되어서 인스타그램이 페이스북보다도 잘 나가는 채널이 되었습니다. 인스타그램으로 마케팅 효과를 보는 방법은 다음과 같습니다.

① 개인계정 운영

② 인플루언서 협력 광고

③ 스폰서 광고

개인 계정부터 말씀드리겠습니다. 앞에서 말씀드린 것처럼, SNS는 사람과 소통하는 공간이기에 내 제품을 광고하는 용도로만 인스타그램 계정을 운영하면 마케팅 효과를 보기 힘듭니다. 성공적인 개인계정

SNS 이용시간 1위 인스타그램

인스타그램·페이스북 인기에 '토종 SNS' 네이버카페·밴드 힘 못쓰네

장우정 기자

입력 2021.04.20 10:02

**10대는 페이스북, 20~30대는 인스타그램**
**네이버카페·밴드는 40~50대 SNS서 1위**

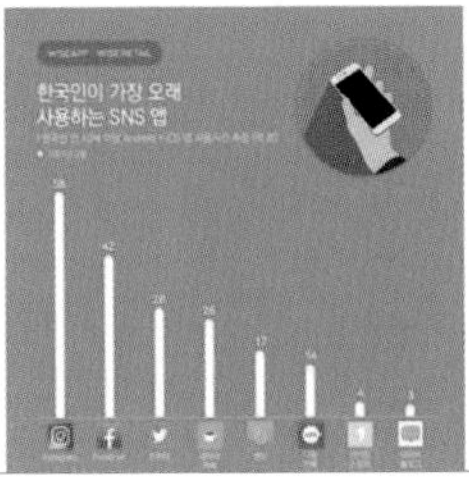


네이버가 내놓고 있는 네이버카페나 밴드, 카카오 (149,500원 ▲ 2,000 1.36%)의 카카오스토리 같은 폐쇄형 소셜미디어(SNS)가 인스타그램, 페이스북에 밀려 큰 인기를 끌지 못하고 있는 것으로 나타났다.

20일 와이즈앱·와이즈리테일이 지난 3월 한국인 만 10세 이상 스마트폰 사용자를 표본 조사한 결과, 모든 세대를 합쳐 한국인이 가장 오래 사용한 SNS 앱은 '인스타그램'인 것으로 집계됐다. 한 달 동안 총 사용시간은 58억분에 달했다. 이 기간 1566만 명이 평균 6시간 11분을 이용했다. 인스타그램은 유튜브(705억분), 카카오톡(302억분), 네이버(210억분)에 이어 한국인이 네 번째로 오래 사용하는 앱이기도 했다.

페이스북이 42억분으로 그 뒤를 이었고, 트위터(28억분), 네이버카페(26억분), 밴드(17억분), 다음카페(14억분), 카카오스토리(4억분), 네이버 블로그(3억분) 순이었다.

서용구 숙명여대 경영학과 교수는 "40~50대가 네이버에 대한 애착이 큰 것은 한창 활동할 때 생기고 성장한 브랜드이기 때문이다"라면서 "다만 최근 젊은층은 비주얼적인 요소, 짧은 콘텐츠에 대한 선호도가 큰 만큼 인스타그램, 틱톡 등이 더 인기를 끄는 것"이라고 했다.

출처: 2021.04.20 조선비즈 페이스북 인스타그램 관련 기사
https://biz.chosun.com/site/data/html_dir/2021/04/20/2021042000898.html?utm_source=naver&utm_medium=original&utm_campaign=biz)

운영을 위해서는 브랜드나 회사를 내세우기보다는 사람이 등장하는 편이 훨씬 효과가 좋습니다.

대기업조차 회사 브랜드 공식 계정 운영에는 큰 예산을 할당하지 않습니다. 공식계정으로 꾸준히 제품, 서비스 관련 사진을 올려봤자 큰 효과가 없다는 걸 알기에 큰 기대를 하지 않습니다. 될 수 있으면 사람에 관해 이야기하는 편이 좋고, 정 제품과 브랜드 이야기를 하고 싶거든 사람과 묶어서 콘텐츠를 올리는 것이 좋습니다.

이 책을 쓰는 지금 이마트 공식 계정의 팔로워는 58만 명입니다. 정말 많은 팔로워를 보유하고 있습니다. 그런데 정작 게시글에 들어가면 조회수는 팔로워의 10분의 1도 안 되며, 댓글도 10개 미만인 글이 많습니다.

이번에는 신세계 그룹 이마트를 책임지는 정용진 부회장의 계정을

이마트 계정 팔로워 수

정용진 부회장 계정 팔로워 수

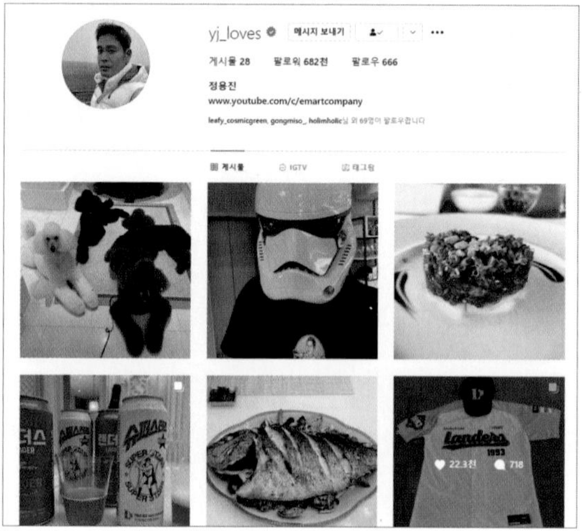

보겠습니다. 팔로워 67만 명에 조회 수 20만 이상의 글이 많습니다. 영상미와 콘텐츠의 수준이 대단해서일까요? 아닙니다. 재벌그룹임에도 인간미가 느껴지는 평범한 계정을 운영 중입니다. 어디 놀러 가고, 맛있는 걸 먹고, 자녀분과 함께 있는 내용의 글입니다. 그런데 가끔 이 계정에 이마트 제품 PPL이 자연스럽게 등장합니다.

이마트 노브랜드 굴 소스 사진을 찍어서 피드에 올렸던 일이 유명한데요. 지금 이마트에서 파는 굴 소스로 요리를 하고 있다는 내용을 올렸을 뿐인데 조회 수 21만을 기록했으며, 이마트 굴 소스 매출이 41퍼센트 상승했다고 합니다. 노브랜드 마케팅팀이 큰 예산을 들여서 인스타그램 콘텐츠를 발행하는 것보다 정용진 부회장이 사진 한 장 올려주

정용진 부회장 인스타그램 굴소스 간접광고

"소통하는 회장님 '좋아요'"… 정용진 신세계 부회장의 SNS 활용법

김아령 기자 kimar@cstimes.com

기사출고 2020년 10월 30일 07시 53분 댓글 0

(왼쪽부터) 정용진 신세계그룹 부회장 인스타그램 계정 화면, 이마트 노브랜드 굴소스 제품. /사진= 정용진 부회장 SNS 화면 갈무리

[컨슈머타임스 김아령 기자] 소셜네트워크서비스(SNS)에서 '핫'한 행보를 보이고 있는 재계 총수가 있다. 정용진 신세계그룹 부회장이 그 주인공이다. 정 부회장은 해당 계정으로 일상 공유뿐 아니라 신사업, 신제품 홍보, 현장 경영 모습을 올리는 등 대중과 적극적인 소통을 하고 있다. SNS를 활발히 사용하지 않는 다른 재벌가의 총수와는 대조적인 모습이다. 정 부회장의 '찐' 소통에 대중들도 신기하면서 반갑다는 반응이다.

정 부회장이 대중에게 나타난 대표적인 사례는 SBS 예능 프로그램 '맛남의 광장'을 들 수 있다. 방송인 겸 요리 연구가인 백종원이 농가를 돕기 위해 '못난이 감자'와 '못난이 고구마' 매입을 요청했고 이를 흔쾌히 수락해 이마트에서 판매하면서 화제가 됐다.

정 부회장이 해당 제품들을 이용한 옹심이, 맛탕 등을 만들어 SNS에 올리면서 완판에도 크게 한 몫 했다는 평가다. 이에 대중들은 정 부회장이 어려운 농가를 위해 선뜻 나서는 모습을 크게 호평하며 '키다리 아저씨'라고 부르게 되는 계기가 됐다.

이달 28일 기준 정 부회장의 인스타그램 팔로워 수는 47만 명으로 국내 재계 총수 가운데 가장 많은 팔로워를 보유하고 있다. SNS 소통으로 판단한다면 '인플루언서'급이라고 해도 과언이 아니다. 팔로워들 가운데 일부는 정 부회장을 '이마트 아저씨'라고 부르며 친근감을 표현하고 있다.

출처 https://view.asiae.co.kr/article/2020102411113185582

는 것이 훨씬 파급력이 큰 셈입니다.

대기업 중에는 이니스프리, 빙그레, 홈플러스처럼 창의적으로 인스타그램을 운영하는 사례가 많습니다. 아이디어를 짜내서 공식 브랜드 계정을 잘 운영하는 것도 필요하지만, 결국 인풋 대비 아웃풋이 가장 좋은 것은 인물에게 초점을 맞추는 것입니다. 인스타그램은 기본적으로 사람을 보고 싶어서 접속하는 채널이기 때문입니다.

여러분이 브랜드 공식계정을 운영해야 한다면 단순한 제품의 나열에 머무르지 말고 타깃 소비자들을 위한 이벤트를 꾸준히 열어서 직접적인 혜택을 주는 편이 좋은 반응을 불러일으킬 수 있습니다.

인플루언서 마케팅은 양날의 검인 측면도 분명 있습니다. 한때 인스타그램 인플루언서를 통해 크게 성장했던 유명 쇼핑몰이 뉴스에 나온 일이 있었습니다. 제품에 하자가 있어서 소비자들이 인플루언서의 계정에 찾아가 댓글을 남겼는데 사후 조치가 미흡해서 팬들이 안티로 돌변한 것입니다.

앞서 예로 든 굴 소스도 마찬가지입니다. 만약에 정용진 부회장이 추천한 굴 소스를 먹고 집단으로 배탈이 나는 문제가 발생하면 비난의 칼날은 노브랜드에도 가겠지만, 분명 정용진 부회장 계정에도 향할 것입니다.

인플루언서의 영향력은 판매에 큰 도움이 되지만, 그만큼 판매로 인해 발생하는 다양한 문제에 관한 책임감도 무거워집니다. 그래서 앞장에서 단순히 제품만 사입해서 파는 것보다 기획, 판매, 후속 조치까지 원활하게 할 수 있는 인플루언서의 시대가 올 거라고 한 것입니다.

이제는 소비자들도 인플루언서들이 기업의 협찬을 받아 돈 버는 수익구조를 훤히 알고 있기에 협력 광고를 진행할 때도 제품을 주고 알아서 팔아보라는 식으로 하는 것보다는 사람×제품 파트에서 말했던 대로 컬래버레이션을 더 추천합니다.

요즘 편의점에 가면 '백종원 도시락' 같은 컬래버레이션 상품이 참 많습니다. 협력 광고 역시 인플루언서와 적극적으로 협업하여 아이디어를 기획하고, 자사의 기술력을 최대한 제공해서 인플루언서의 팬덤이 정말 좋아할 제품을 함께 개발하면 됩니다. 그 과정을 SNS로 꾸준히 공유하고요.

예를 들어 식품제조를 한다면 유명한 먹방 인플루언서를 홍보대사로 임명해서 사무실에서 기획팀과 함께 컬래버레이션 신제품 아이디어 회의하는 모습을 올리고, 위생복을 입은 인플루언서가 공장에서 생산 직원들과 함께 음식을 만드는 사진을 올리고, 인플루언서의 얼굴이 들어간 박스 패키지가 만들어져서 편의점, 마트에 전시되기까지의 일련의 과정을 공개하는 것입니다.

이렇게 기업과 인플루언서가 같이 힘을 합쳐 제품을 만들고, 사후 조치까지 확실하게 책임지는 모습을 보여줘야 기업의 이미지가 훼손되지 않으면서 마케팅 효과까지 극대화됩니다. 아직은 인플루언서의 영향력만으로 제품이 팔리지만, 계속해서 언론에도 이슈가 되고 있으며 소비자도 학습하기 때문에 몇 년 후면 진정성 있는 협력 광고만이 살아남을 것입니다.

04

# 페이스북, 인스타그램 스폰서 광고를 제대로 활용하는 법

지금부터는 인스타그램 스폰서 광고에 대해 알아보겠습니다. 앞에서 인앱광고는 디테일한 타깃 설정을 못 하기에 인스타그램 광고 또한 페이스북 관리자에서 해야 한다고 말씀드렸습니다.

페이스북 광고 관리자에서는 '광고 설정값'으로 나이, 성별, 지역, 관심사를 입력할 수 있습니다. 이 설정값이 무서울 정도로 잘 맞아떨어집니다. 우리가 인스타그램에 가입할 때 개인 프로필에 입력한 정보부터 시작해서 평소 계정에 자주 올리는 사진들을 전부 분석해 이 사람이 관심이 가고 구매할 제품 광고만 딱딱 보여줍니다.

예를 들어, 등산을 좋아하는 사람이 평소 산에 놀러 가서 찍은 사진과 함께 등산에 관한 글을 자주 올리면 등산용품 피드에 많이 노출됩니다. AI가 딥러닝을 하면서 점점 정교하게 타깃 관심사를 파악해서 광고

스폰서 광고 설정1

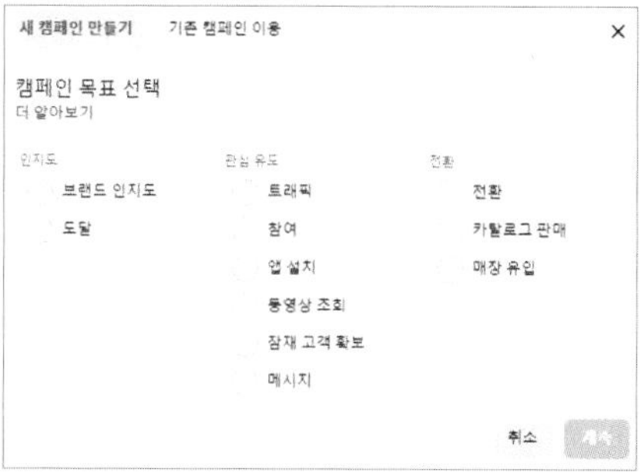


스폰서 광고 설정 2

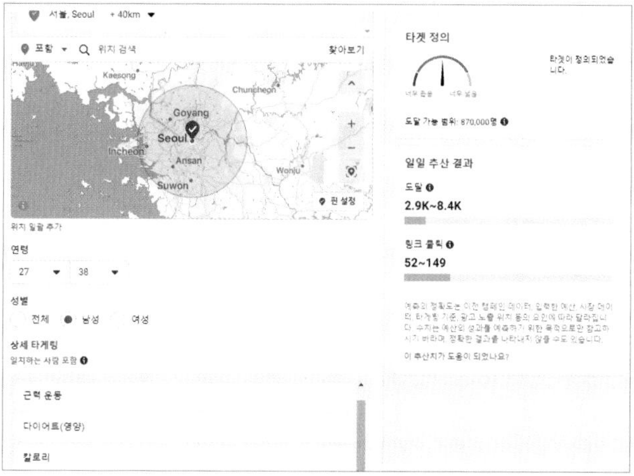


## 스폰서 광고 캠페인 유형

인지도

| 목표 | 비즈니스 목표: |
|---|---|
| 브랜드 인지도 | 비즈니스, 브랜드 또는 서비스에 대한 인지도를 높입니다. |
| 도달 | 타겟 대상에 해당하는 최대한 많은 사람들에게 광고를 노출합니다. |

관심유도

| 목표 | 비즈니스 목표: |
|---|---|
| 트래픽 | 사람들이 Facebook에서 회원님의 웹사이트 랜딩 페이지, 블로그 게시물, 앱 등 원하는 URL로 이동하도록 유도합니다. |
| 참여 | 게시물에 참여할 가능성이 높은 사람들에게 도달합니다. 참여에는 좋아요, 댓글, 공유가 포함되며 회원님의 페이지에서 발급된 쿠폰도 포함됩니다. |
| 앱 설치 | 회원님 비즈니스의 앱을 다운로드할 수 있는 스토어로 사람들을 유도합니다. |
| 동영상 조회 | 비즈니스의 동영상을 시청할 가능성이 높은 Facebook 사용자에게 동영상을 공유합니다. |
| 잠재 고객 확보 | 비즈니스에 맞는 잠재 고객을 확보하세요. 뉴스레터 등록하기 등 회원님의 제품에 관심이 있는 사람들로부터 정보를 수집하는 광고를 만듭니다. |
| 메시지 | Facebook을 이용하는 사람들과 교류하고 잠재 고객 또는 기존 고객과 소통하여 고객이 회원님의 비즈니스에 관심을 갖도록 유도합니다. |

전환

| 목표 | 비즈니스 목표: |
|---|---|
| 전환 | 사람들이 회원님의 비즈니스 사이트에서 장바구니에 담기, 앱 다운로드, 사이트 가입 또는 구매 등의 특정 행동을 취하도록 유도합니다. |
| 카탈로그 판매 | 전자상거래 매장 카탈로그의 제품을 표시하여 매출을 창출합니다. |
| 매장유입 | 오프라인 비즈니스 위치를 근처 사람들에게 홍보합니다. |

스폰서 광고 설정 3

를 송출하기 때문입니다. 그래서 광고 효과도 좋습니다.

초창기 페이스북/인스타그램 광고에서 제가 가장 깜짝 놀란 부분은 바로 위의 이미지와 같이 부모를 타깃팅할 수 있다는 것이었습니다. 자녀의 연령대에 맞춰서 부모에게 타깃팅할 수 있습니다. 어떻게 이렇게 자녀 연령대에 맞추어서 부모를 타깃팅 광고를 할 수 있을까요?

앞서 말씀드린 것처럼 페이스북/인스타그램이 여러분의 글을 분석하는 것이며, 부모 중 어머니의 페이스북/인스타그램 글을 쓰는 성향을 너무나도 잘 알고 있기 때문입니다. 부모의 SNS는 아이가 태어나기 전부터 신혼생활부터 임신 4주차인지 10주차인지 아이가 태어난 시기, 아이가 크는 과정을 계속해서 SNS에 일기장처럼 기록합니다. 바로 페이스북/인스타그램은 이런 SNS 유저 성향을 통해 충분히 분석해서 타깃팅을 할 수 있다는 것입니다.

후원자 광고 중에는 기존에 보유한 고객DB를 활용한 광고 집행도 가능합니다. 평소 고객의 연락처, 이메일을 꾸준히 누적해왔다면 고객

맞춤타깃 제시 예1

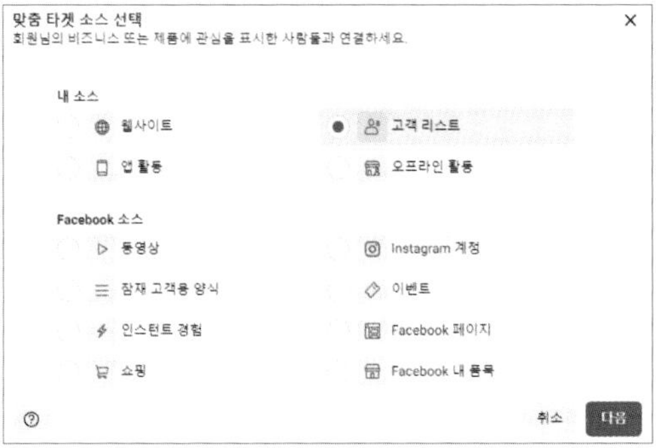


맞춤타깃 제시 예2

리스트 광고를 하는 것도 좋은 방법입니다.

몇 년 전 보험설계사 한 분의 광고 대행을 도와드린 적이 있습니다. 보험영업 경력만 10년이 넘으셔서 그동안 모은 명함과 고객DB를 합하면 1만 개 이상이 된다는 것입니다. 그래서 고객 리스트 광고를 진행하기로 했습니다.

보통 고객 DB가 있으면 문자·이메일 대량발송을 생각하십니다. 그런데 자칫 스팸 신고를 당하면 과태료를 물 수 있습니다. 그런 점에서 스폰서 광고는 연락처, 이메일을 입력하면 그 사람의 페이스북 계정에 광고가 뜨므로 벌금을 낼 걱정이 없습니다.

이때 어떤 콘텐츠를 보이느냐도 중요하겠죠? DB 리스트를 쭉 보니 이분에게 보험에 가입한 고객도 있었지만, 만나서 명함만 받은 사람도 있었습니다. 그래서 보험에 가입하라는 상업적 광고보다는 안부 인사를 드려서 니즈를 환기하는 방향으로 가자는 결론을 내렸습니다. 마침 월말이라 콘텐츠로 새해 인사를 제작했습니다.

"안녕하세요. 잘 지내셨나요? 최근 보험에 관련해서 이런 이슈가 있으며, 이런 부분이 변경되었습니다. 자신과 가족의 보험에도 해당하는지 점검 한 번 해보시고, 관련해서 필요한 일이 있으면 언제든지 저에게 연락해주시길 바랍니다. 새해 복 많이 받으세요."

예상은 적중했습니다. 스폰서 광고를 보고 그렇지 않아도 보험 때문에 연락을 드리려고 했던 고객들이 전화와 문자를 하기 시작한 것입니다. 보험을 개편하려고 한다, 친구가 보험을 들어야 한다는데 상담 한 번 해달라, 최근 보험 관련해서 궁금한 것이 있었다며 상담 신청이 많이 들어왔다고 하네요. 혹시 고객 관계 관리CRM가 중요한 영업직을 하고 계신다면 이와 같은 사례처럼 안부의 인사와 함께 달력, 다이어리 등 간단한 선물을 드리는 이벤트만 기획해도 기존 고객들과의 관계를 더 공고히 할 수 있을 것입니다.

최근 페이스북,인스타그램의 광고 효율에 대해 많은 논의가 되고 있습니다. 그 이유는 예전만큼 전환율이 생기지 않기 때문입니다. 이 문제의 답변은 앞에서 얘기한 것과 같이 역시 차별성입니다. 이제는 광고를 보아도 꼭 구매하지 않습니다. 소비자들이 광고에 쉽게 현혹이 되지 않으며 계속해서 스마트해지고 있습니다. 차별성의 제품 또는 획기적인 광고 소재가 아닌 이상 더는 고객들은 반응하지 않습니다. 단순 광고 노출에는 이제 소비자들은 슬라이드Pass할 수밖에 없습니다. 여러분도 단순 광고에 저와 똑같은 반응을 하고 계시지 않나요?

05

# SNS 마케팅의 꽃, 리마케팅 광고

SNS 마케팅의 꽃이라 할 수 있는 리마케팅 광고를 알아보겠습니다. 특정 브랜드의 광고가 나를 쫓아다니면서 계속 보이는 경험이 있으시죠? 어떤 쇼핑몰에 들어가서 물건은 안 사고 나왔는데 웹서핑을 하니까 쇼

페이스북 픽셀

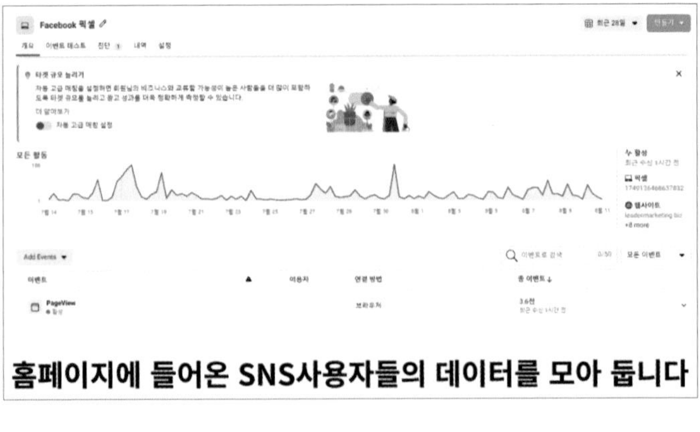

핑몰에서 봤던 제품이 배너광고로 뜨고, SNS에 들어가도 뜨고, 유튜브 동영상 광고로도 뜹니다. 이것의 정체가 리마케팅 광고입니다.

SNS에서는 페이스북 픽셀을 이용해서 리마케팅 광고를 할 수 있습니다. 내 홈페이지에 페이스북 픽셀을 심어놓으면 제품을 구경하러 온 홈페이지 방문자들의 픽셀값을 수집합니다.

만약 100명의 방문자가 들어왔는데 이 중 페이스북, 인스타그램 계정을 가진 사람이 70명이면 픽셀에 이 70명의 고유값이 저장됩니다. 이렇게 쌓인 고유값을 이용해서 광고를 진행하면 한 번 내 쇼핑몰에 들어와 픽셀값이 기록된 사람들에게 광고가 나가는 구조입니다.

네이버 메인 화면에 자사 제품을 노출하는 CPM 광고상품이 있습니

네이버 CPM 광고

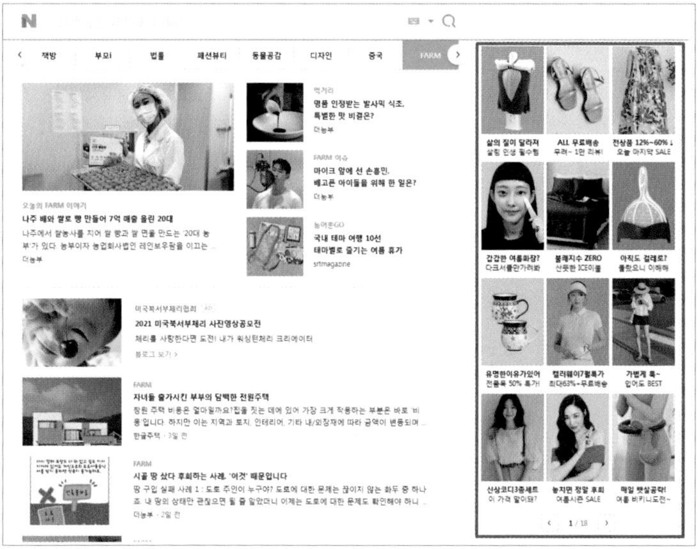

다. 1주일 노출하는데 300~400만 원 정도의 비용을 내야 하는데요. 매년 여기 광고 영역을 보고 즉각 구매를 하는 구매전환율이 점점 낮아지고 있다고 합니다.

그런데도 네이버에 접속할 때마다 해당 영역의 광고 구좌가 항상 꽉꽉 차 있는 모습을 볼 수 있습니다. 왜 그럴까요? 즉각적인 구매전환이 일어나지 않더라도 내 쇼핑몰로 많은 방문자를 불러들일 수 있어 이들의 픽셀값을 얻을 수 있습니다.

이렇게 얻은 픽셀값을 통해 리마케팅 광고를 진행해서 꾸준히 내 제품을 보여줘서 매출을 올리겠다는 전략이죠. 실제 크롬 웹스토어 확장 프로그램인 페이스북픽셀헬퍼Facebook Pixel Helper를 사용하면 내가 접속한 웹사이트에 픽셀이 설치되어 있는지 점검할 수 있습니다.

리마케팅 광고가 중요한 이유는 소비자에게 계속 자사 제품을 상기시켜준다는 것입니다. 앞에서도 말씀드렸다시피 요즘 소비자는 홈페이지에서 마음에 드는 제품을 발견해도 바로 구매하지 않습니다. 비슷하면서 더 저렴한 제품이 없는지 오픈마켓도 검색하고, 네이버에서 리뷰도 찾아보며 유튜브에서 언박싱 동영상도 시청합니다. 그렇게 제품을 구매하기 전까지 이런저런 사이트를 들르는데 니즈 환기는 우리 콘텐츠가 다 해놓고 최종구매는 경쟁사 제품을 살 수도 있습니다.

그런데 중간중간 리마케팅 광고가 뜨면 어떨까요? 고객이 다시 우리 제품을 인식하고, 쇼핑몰로 돌아오면서 구매 확률이 높아지게 됩니다. 사람은 한 번 본 제품보다 여러 번 본 제품에 이끌립니다. 자사몰이 있

페이스북 픽셀 헬퍼

다면 리마케팅 광고는 이제 선택이 아닌 필수입니다.

리마케팅 광고를 정말 잘 활용하는 사례 하나를 소개하겠습니다. 한 생활용품 쇼핑몰은 자사 홈페이지에서 물건을 하나라도 산 고객을 타깃으로 리마케팅 광고를 송출합니다. 이미 결제까지 마쳤는데 왜 다시 광고를 하는 걸까요? 바로 해당 고객이 구매한 제품과 연관된 다른 제품을 추가로 판매하기 위해서입니다.

예를 들어 1인 가구용 휴대용 정수기를 구매한 사람은 휴대용 정수기가 아닌 다른 1인 가구 전용 제품에도 니즈가 있겠죠? 리타깃팅 광고를 통해 1인 가구 관련 제품 라인업(샤워필터, 베개, 이불, 매트리스 등등)을 계속해서 보여주는 것입니다.

이미 한 번 해당 쇼핑몰에서 제품을 구매한 경험이 있는 고객은 브랜드 접근성이 높으며, 브랜드 충성도도 형성된 상태입니다. 첫 쇼핑이 마음에 들었다면 두 번째, 세 번째 쇼핑도 같은 쇼핑몰에서 할 가능성이 높습니다. 특히 먼저 산 제품과 같이 사용하면 좋은 제품일 경우 더 할 나위 없겠죠.

마케팅 공부를 하시면서 '업셀링과 크로스셀링'이란 단어를 들어보셨을 것입니다. 업셀링은 본래 사려던 제품보다 더 비싼 제품을 파는 것이고, 크로스셀링은 이미 고객이 구매한 제품을 보완하거나 보충하는 제품을 파는 것인데요. 리마케팅 광고를 이 크로스셀링과 접목하면 광고비의 낭비를 줄이면서 전체 객단가를 수월하게 높일 수 있습니다. 판매하는 제품군이 다양하고 연관성이 높다면 꼭 방법을 연구해보시길 바랍니다.

이제는 광고를 보아도 꼭 구매하지 않습니다. 소비자들이 광고에 쉽게 현혹이 되지 않으며 계속해서 스마트해지고 있습니다. 차별성의 제품 또는 획기적인 광고 소재가 아닌 이상 더는 고객들은 반응하지 않습니다. 단순 광고 노출에는 이제 소비자들은 슬라이드Pass 할 수밖에 없습니다. 여러분도 단순 광고에 저와 똑같은 반응을 하고 계시지 않나요?

CHAPTER 3

# 핫 채널 유튜브와
# 효과 만점 카카오
# 비즈니스 광고 파헤치기

01

# 일단 자유롭게 시작하고 보는 유튜브 채널 운영

유튜브는 작년 한 해만 하더라도 뒷광고 사태, 광고 제한 등으로 말도 많고 탈도 많았는데요. 그런데도 근래 들어 가장 성장하고 있는 대세 채널입니다. 유튜브는 검색포털의 특징과 SNS의 특징을 동시에 가지고 있어서 새로운 플랫폼으로 분류해야 합니다.

유튜브 마케팅의 종류

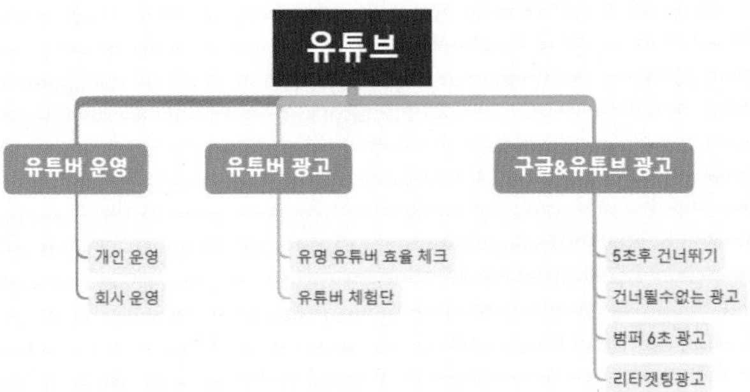

검색포털의 특징으로 키워드를 입력하면 관련된 동영상이 뜨고, 특정 채널 크리에이터를 구독해서 영상을 시청하고 '좋아요'를 누르고 댓글을 달 수 있는 SNS 기능도 있습니다. 커뮤니티 기능이 추가된 걸 보면 앞으로도 SNS 기능이 더 강화될 것입니다.

유튜브 마케팅은 ① 개인 유튜브 채널 운영 ② 유튜버와의 협력 광고 ③ 구글을 통한 유튜브 유료 광고라는 3가지 방법이 있습니다. 인스타그램과 거의 유사하다고 보면 됩니다.

먼저 개인 채널 운영부터 보겠습니다. 만약 내 전문성과 콘텐츠가 확실해서 퍼스널 브랜딩이 가능하다면 앞에서 본 병원 원장님 사례처럼 개인 채널 운영을 적극적으로 권장합니다. 교육이나 컨설팅을 받으러 오는 분들 중 전문직이나 한 분야에 오랜 경력을 쌓은 전문가에게는 꼭 유튜브를 시작할 걸 권해드리곤 합니다.

개인 채널을 시작하고 나면 어떤 동영상을 찍어서 올려야 할지 고민이 될 겁니다. 제가 여러 유튜브 채널을 보면서 콘텐츠의 종류를 나눠봤으니 참고하시길 바랍니다.

**※ 내 유튜브에 어떤 콘텐츠를 올려야 할까?**

① 자신의 주장, 생각을 콘텐츠화

② 제품, 서비스를 리뷰하는 콘텐츠

③ 다른 사람을 인터뷰하는 콘텐츠

④ 다양한 사람을 섭외하는 커뮤니케이션 콘텐츠

⑤ 나만의 노하우, 방법, 기술을 콘텐츠화

⑥ 다른 인기 유튜버들을 다루는 콘텐츠

⑦ 유명한 걸 패러디하는 콘텐츠

⑧ 구독자 이벤트 콘텐츠

⑨ 자기 계발 콘텐츠

⑩ 브이로그 콘텐츠

⑪ 최신 뉴스 & 이슈 콘텐츠

⑫ 강의 콘텐츠

⑬ 라이브 콘텐츠

이 외에도 영상을 찍을 소재는 무궁무진합니다. 그리고 꼭 정해진 틀대로 할 필요도 없습니다. 패션 유튜브는 이렇게 해야 한다, 음식 유튜브는 이렇게 해야 한다와 같은 답이 정해져 있는 것도 아니니까요. 내가 할 수 있는 다양한 방법을 계속 시도하면서 시청자들이 어디에 반응하는지를 보면서 연구해야 합니다.

아이디어를 얻기 위해서 꼭 내 분야의 영상만 볼 것이 아니라 다른 업계의 유튜버들은 어떻게 영상을 만드는지 참고할 필요가 있습니다. 누구나 기본적으로 개인 채널 운영을 시작할 수 있는 길은 정보성 콘텐츠를 만들어서 팔로워를 늘리는 것입니다. 그렇게 인플루언서가 된다면 이런저런 협찬이 들어오고, 대형 유튜버로 성장한다면 CF를 찍는 일도 있습니다.

02

# 당장 효과를 보고 싶다면 유튜버 협력 광고

파급력 있는 대형 유튜버가 되기까지는 오랜 시간이 걸립니다. 당장 바로 효과를 보고 싶다면 대형 유튜버와 협력 광고를 해야 합니다. 유튜브 인플루언서 마케팅은 인스타그램과 일맥상통합니다. 내 아이템과 결이 맞는, 즉 타깃 고객층 팔로워가 많은 유튜버를 선정해야 하는데요. 블로그 체험단, 인스타그램과 마찬가지로 구독자가 허수인지 구분하기 위해 영상 조회 수, 공감, 댓글을 점검해야 합니다.

저희 회사 또한 다양한 유튜버와 협력하여 다양한 업체 광고를 진행했습니다. 개중에는 조회 수 대박이 나면서 매출도 덩달아 쭉 상승한 성공사례도 있지만, 구독자 수보다 효과가 미비한 적도 있었습니다.

한번은 10만 유튜버와 협력 광고를 진행했는데 판매량이 처참했습니다. 이상한 일이었죠. 팔로워도 많고, 영상 조회 수도 기본 5만 이상

(꿀 뚝뚝)
1위판매이유가 있어요
테슬라 캠퍼's
차박여행기 feat
!!-문경 에코랄라
캠핑카에
사는 남자
캠핑카 정수기 비교
*녹물 주의
Pitcher
캠핑카에서
보내는 선물! 빠이띵!
드디어 나도 이제
구독자 이벤트!
차량 실내 공기
어떻게 관리해야 할까?
중요도

이었으며, 시청자 타깃층도 삼사십대 남성으로 제품 타깃층과 일치했습니다. 그런데도 왜 효과가 없었을까요?

정답은 시청자와 유튜버와의 관계에 있었습니다. 이 유튜버는 외모와 몸매가 출중하셔서 구독자들은 유튜버의 비주얼에 관심이 많았지, 정작 유튜버가 소개하는 제품에는 큰 관심이 없었던 것입니다.

만약 협력 광고를 진행할 예정이라면 유튜버와 구독자가 얼마나 소통하는지를 반드시 점검하셔야합니다. 아무리 구독자가 많고 조회 수가 높더라도 커뮤니케이션이 잘 이루어지지 않는다면 유튜버가 구독자에게 미치는 영향력에 한계가 있어 판매가 잘 안 나올 수 있습니다. 앞에서도 말씀드린 바와 같이 최선의 협력 광고는 구독자와 관계가 돈독한 인플루언서와 컬래버레이션해서 사람×제품의 차별화를 만든 다음 진행되는 과정을 영상으로 꾸준히 올리면서 판매하는 것입니다.

또 한 가지 해야 할 것은 유튜브 체험단입니다. 이제는 신제품이 나오면 사람들이 네이버 블로그뿐만 아니라 유튜브에서도 후기, 리뷰 영상을 많이 검색해서 시청합니다. 그렇기에 유튜브 마케팅을 할 때 제일 먼저 해야 할 것이 언박싱 영상입니다. 블로그를 설명해 드릴 때 후기는 많으면 많을수록 좋다고 했는데요. 이건 유튜브에도 같이 적용됩니다.

마이크로 인플루언서를 여러 명 섭외해서 유튜브 체험단 마케팅을 진행해서 후기량을 확보해야 하는 것이죠. 그리고 후기량 못지않게 영상의 수준도 중요합니다. 진짜 유명한 유튜버가 추천해주면 그 자체만으로 제품의 품격이 올라가고, 많은 사람의 신뢰를 얻을 수 있기 때문이죠. 메가 인플루언서를 섭외할 여력이 된다면 비용을 지급할 가치가 있습니다.

그리고 경험상 광고주, 유튜버, 구독자 셋 모두 윈윈하는 구독자 이벤트를 개최하는 것이 큰 도움이 되었습니다. P사 캠핑 랜턴 광고를 진행할 때 A 유튜버와 협력 광고를 진행했습니다. 마침 A 유튜버 구독자 수가 5만 명을 돌파해서 기념 이벤트를 열었습니다. 구독을 누르고 댓글을 남겨준 구독자들에게 추첨을 통해 랜턴을 무료로 지급했습니다.

구독자 이벤트는 유튜버, 구독자, 회사 모두가 윈윈하며 광고주의 매출도 눈에 띄게 향상되었습니다. 유튜버는 구독자가 늘어나며 팬들에게 경품으로 보답을 함으로써 신뢰를 보여줄 수 있어서 좋고, 구독자들은 좋은 제품을 무료로 받을 수 있어서 좋고, 광고주 역시 영상 조회 수와 댓글이 늘어날수록 유튜브 알고리즘을 통해 제품이 널리 알려지며 매출에 좋은 영향을 주었습니다.

03

# 아주 훌륭한 타깃팅이 되는 유튜브 광고

마지막으로 유튜브에도 스폰서 광고가 있습니다. 인스타그램 광고를 인스타그램 자체에서 안 하고 페이스북 관리자로 들어가서 했던 것처럼, 유튜브 광고 역시 유튜브 안에서 하지 않고 구글 애즈Google Ads를 통해 할 수 있습니다. 유튜브 광고에는 여러 종류가 있습니다. 평소 유튜브 영상을 본 분은 아시겠지만 동영상을 재생하기 전에 뜨는 3초 광

유튜브 광고 설정 1

고도 있고, 영상을 보는 중간에 뜨는 광고도 있죠. 자세한 광고 종류는 아래 이미지를 참고해주시길 바랍니다.

영상 중간에 뜨는 광고는 개인적으로 추천하지 않습니다. 영상을 집중해서 보는데 중간에 광고가 흐름을 끊어버리면 그 광고에 좋은 인상이 남을까요? 광고 내용에는 관심도 없고 재빨리 스킵할 겁니다. 반면 영상 시작 전 광고는 중간에 뜨는 3초 광고보다 괜찮다고 봅니다. 아직 사람들이 영상 콘텐츠에 집중하기 전이라 흥미가 있는 분야라면 관심을 가집니다. 요즘은 웬만한 영상 시작 전에 광고가 뜨니 아예 처음 광고는 보고 지나가는 사람도 많습니다.

제 경험상 인플루언서 또는 유튜버와 협력했던 광고를 30초~1분 정도 분량으로 2차 가공해서 영상 앞 3초 광고로 쓰는 방법이 효과가 괜찮았습니다. 대중에게 익숙한 인플루언서가 등장하니 아무래도 그냥 광고에 비해 사람들이 집중하는 효과가 있습니다.

협력 광고를 진행하면서 유튜버들과도 만나보며 느낀 점이 있습니다. 구독자를 많이 모은 유튜버들은 어떤 영상을 찍어야 사람들이 좋아하는지를 감각적으로 알고 있습니다. 평소 아이디어를 내서 다양한 영

유튜브 광고 카테고리

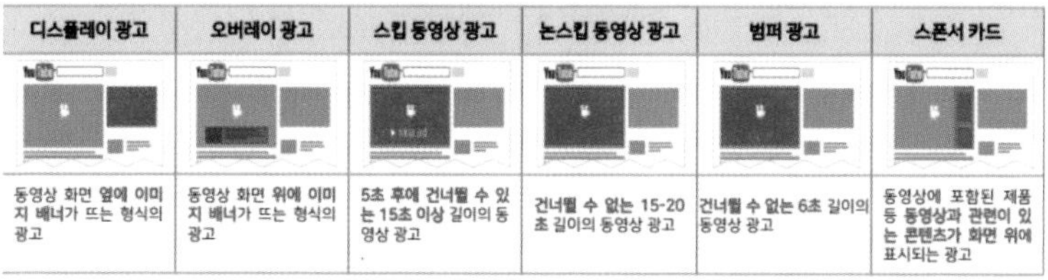

유튜브 광고 설정 2

상을 만들어 올려보고, 영상마다 사람들이 어떻게 반응하는지를 피드백하면서 훈련이 된 것입니다. 영상 기획, 촬영, 편집에 이르기까지 수준이 높으므로 만약 영상 마케팅에 관한 경험이 적다면 첫걸음은 자체적으로 예산을 들여서 새로운 영상을 촬영하는 것보다 유튜버와 협력하고 추후 광고까지 진행할 수 있게끔 계약하는 것을 추천합니다.

유튜브 광고는 아주 훌륭한 타깃팅 기능이 있습니다. 내가 원하는 유튜버 채널을 콕 집어서 선택할 수 있고, 채널에서도 원하는 동영상을 선택해서 광고를 송출할 수 있습니다. 광고를 설정할 때 고객 관심사에서 게재 위치를 설정해주면 됩니다. 만약에 내가 캠핑용품을 판매하고

유튜브 광고 설정 3

있다면 유명한 캠핑 유튜버 혹은 캠핑 영상을 선택해서 캠핑에 관심 있는 사람들에게 다이렉트로 광고를 보여줄 수 있습니다.

위의 이미지는 실제 다이어트제품관련 광고주의 셋팅화면입니다. 유명한 운동, 다이어터 등의 유튜브 채널을 선택할 수 있습니다. 광고가 셋팅이 되면 광고가 실제 송출이 되면서 실제 노출량과 조회 수 클릭 수를 보실 수 있습니다. 위의 화면은 실제 하루동안 광고 게재위치

성과효율입니다. 다양한 광고채널 중 다른 채널에는 없는 유튜브 만의 장점 기능이라면 역시 내가 원하는 채널에 광고를 설정할 수 있는 부분이라고 보시면 됩니다.

광고게재

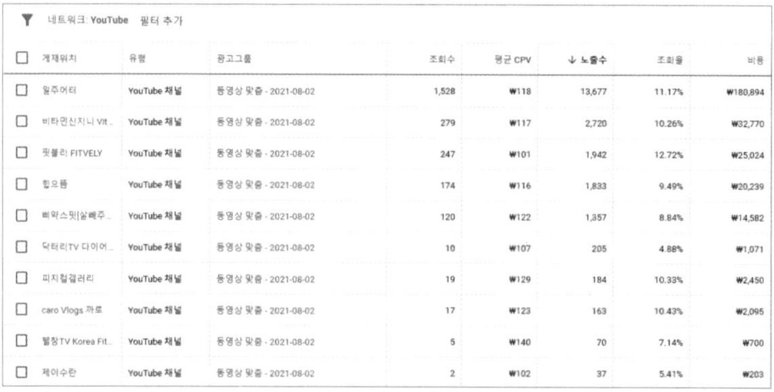

네트워크: YouTube 필터 추가

| 게재위치 | 유형 | 광고그룹 | 조회수 | 평균 CPV | ↓ 노출수 | 조회율 | 비용 |
|---|---|---|---|---|---|---|---|
| 일주어터 | YouTube 채널 | 동영상 맞춤 - 2021-08-02 | 1,528 | ₩118 | 13,677 | 11.17% | ₩180,894 |
| 비타민신지니 Vit... | YouTube 채널 | 동영상 맞춤 - 2021-08-02 | 279 | ₩117 | 2,720 | 10.26% | ₩32,770 |
| 핏블리 FITVELY | YouTube 채널 | 동영상 맞춤 - 2021-08-02 | 247 | ₩101 | 1,942 | 12.72% | ₩25,024 |
| 힙으뜸 | YouTube 채널 | 동영상 맞춤 - 2021-08-02 | 174 | ₩116 | 1,833 | 9.49% | ₩20,239 |
| 삐약스핏[살빼주... | YouTube 채널 | 동영상 맞춤 - 2021-08-02 | 120 | ₩122 | 1,357 | 8.84% | ₩14,582 |
| 닥터리TV 다이어... | YouTube 채널 | 동영상 맞춤 - 2021-08-02 | 10 | ₩107 | 205 | 4.88% | ₩1,071 |
| 피지컬갤러리 | YouTube 채널 | 동영상 맞춤 - 2021-08-02 | 19 | ₩129 | 184 | 10.33% | ₩2,450 |
| caro Vlogs 까로 | YouTube 채널 | 동영상 맞춤 - 2021-08-02 | 17 | ₩123 | 163 | 10.43% | ₩2,095 |
| 빨창TV Korea Fit... | YouTube 채널 | 동영상 맞춤 - 2021-08-02 | 5 | ₩140 | 70 | 7.14% | ₩700 |
| 제이수란 | YouTube 채널 | 동영상 맞춤 - 2021-08-02 | 2 | ₩102 | 37 | 5.41% | ₩203 |

구독자를 많이 모은 유튜버들은 어떤 영상을 찍어야 사람들이 좋아하는지를 감각적으로 알고 있습니다. 평소 아이디어를 내서 다양한 영상을 만들어 올려보고, 영상마다 사람들이 어떻게 반응하는지를 피드백하면서 훈련이 된 것입니다. 영상 기획, 촬영, 편집에 이르기까지 수준이 높으므로 만약 영상 마케팅에 관한 경험이 적다면 첫걸음은 자체적으로 예산을 들여서 새로운 영상을 촬영하는 것보다 유튜버와 협력하고 추후 광고까지 진행할 수 있게끔 계약하는 것을 추천합니다.

04

# 카카오 비즈니스 광고 완벽 분석

마지막으로 배너광고를 알아보겠습니다. 배너광고도 여러 종류가 있습니다만, 현시점에서 떠오르고 있는 배너광고는 카카오 모먼트 배너 광고입니다. 앞에서 네이버 성과형 디스플레이 광고와 같이 유심히 지켜볼 필요가 있습니다.

카카오 모먼트 광고는 카카오톡 상단에 뜨는 배너 광고입니다. 구글 디스플레이 광고는 웹서핑하거나 인터넷 신문을 볼 때 흔히 보이는 배

카카오 배너 광고

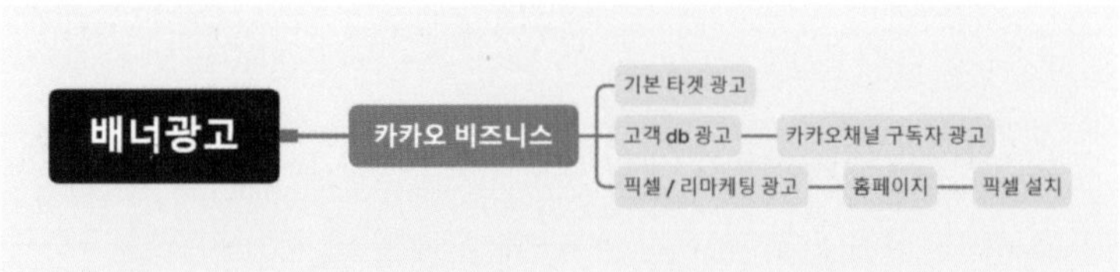

카카오 비즈보드 출시 기사

'까톡까톡' 채팅창만? 카카오톡 '#탭' 떴다...광고영토 넓히는 카카오

카카오, 오는 11월10일부터 샵탭 '뉴스', 'FUN' 카테고리에 비즈보드 확장

(서울=뉴스1) 송화연 기자 | 2020-11-06 07:30 송고 | 2020-11-06 11:08 최종수정

댓글

가

빨간색 박스가 표시된 부분이 카카오톡 대화목록 탭 상단에 위치한 비즈보드 상품 예시다. (카카오비즈니스 홈페이지 갈무리) © 뉴스1

카카오가 매월 4579만명이 이용하는 '국민 메신저' 카카오톡을 기반으로 광고 사업을 더 확대한다.

카톡 채팅이 이뤄지는 대화목록창에 지난해 첫 광고상품인 비즈보드를 출시한데 이어 이번에는 코로나19로 전국민이 애용하게 된 전자출입명부 'QR체크인'이 위치한 샵(#)탭이다.

출처 https://www.news1.kr/articles/?4110287

카카오 광고 유형

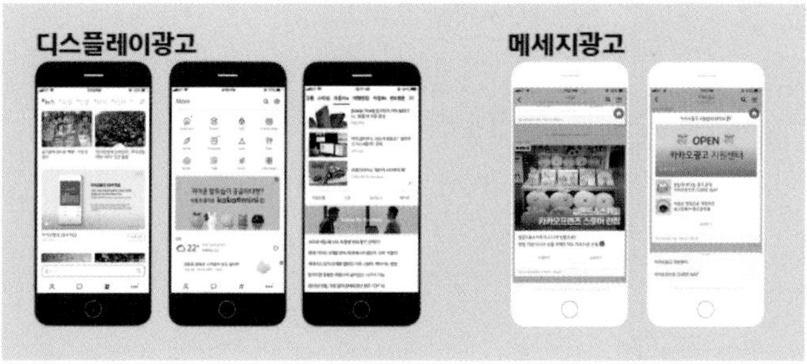


너 광고입니다.

먼저 카카오 배너 광고부터 살펴보겠습니다. 카카오 배너 광고를 하기 위해서는 카카오 비즈니스에 접속해서 광고 설정을 해야 합니다.

카카오 배너광고 설정 1

카카오 배너광고 설정 2

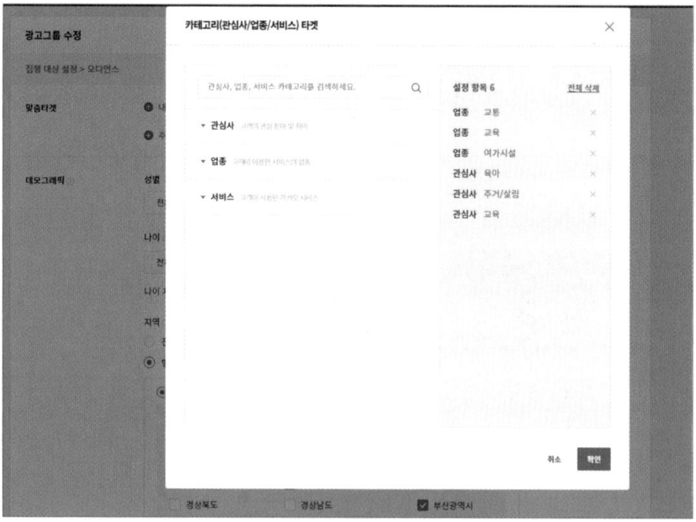

카카오 배너광고 설정 3

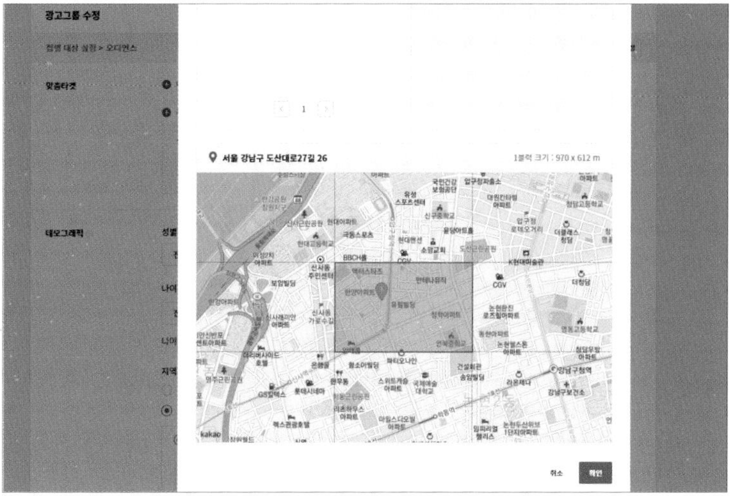


카카오 광고상품은 네이버, 구글보다 상대적으로 후발주자라서 기존 타깃 광고와 인터페이스적으로 유사한 부분이 많습니다. SNS, 구글의 타깃 광고를 사용해보셨다면 카카오 광고 또한 손쉽게 진행할 수 있습니다. 성별, 나이, 지역, 관심사를 설정해 타깃을 구성할 수 있습니다. 타깃이 설정되었다면 마지막으로 카카오 사용자에게 보여줄 소재를 제작해야 합니다.

다른 광고 경우 광고자가 직접 이미지를 만들고 소재를 업로드하는 방식이었습니다. 물론 카카오 경우가 이처럼 광고를 제작 후 업로드 방식이 있지만 될 수 있는 대로 광고 소재를 직접 광고관리자 창에서 만드는 것을 권장하고 있습니다. 배너 만들기 버튼을 클릭하여 4가지 배너 형태를 선택하여 광고 이미지와 문구를 관리자 안에서 만드는 것

카카오 광고 예시 1

카카오 광고 예시 2

카카오 광고 예시 3

을 권장하고 있습니다. 페이스북, 인스타그램, 구글, 유튜브 등 해외기반에 광고는 광고 승인 자체가 꽤 까다롭지 않습니다. 광고 소재와 광고 매체가 꼭 맞지 않아도 광고가 송출되는 경우를 자주 볼 수 있습니다. 하지만 카카오 광고는 광고 중 가장 승인 심사가 까다롭기로 유명합니다. 아무래도 우리나라에서 유저 사용 기반이다 보니 전 세계 광고 승인보다는 꼼꼼히 점검하고 있습니다. 카카오 광고 심사 승인 시 필수 사항 3가지는 다음과 같습니다.

1. 광고 소재와 광고 클릭 주소 사업자가 같아야 함
2. 광고 소재 이미지에 반드시 자사 브랜드명 또는 로고가 있어야 함
3. 이미지 뒷배경이 없이 깔끔한 이미지어야 함

위의 3가지처럼 까다로운 요건이 있습니다. 위의 3번째 뒷배경을 깔

카카오 배너광고 설정 4

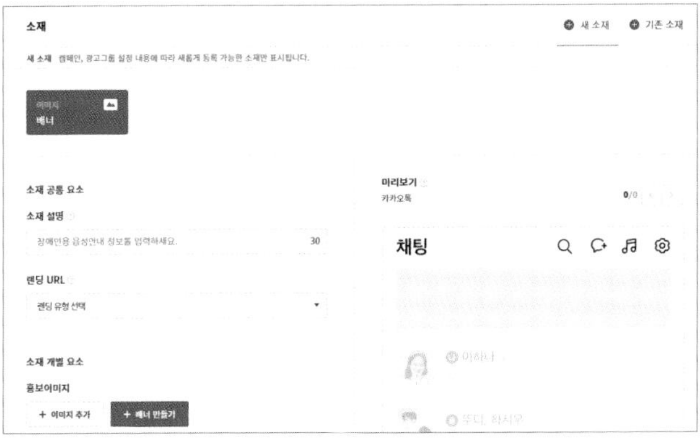

카카오 배너광고 설정 5

끔히 없애버리는 효과는 포토샵을 이용하시는 분들 손쉽게 이용할 수 있으시지만 포토샵이 능숙하지 않은 분들은 뒷배경을 손쉽게 없애주는 사이트를 소개해드리겠습니다.

원하는 이미지에 뒷배경누끼를 손쉽게 없애주는 사이트입니다. 원하는 이미지를 사이트에 올리면 웹사이트에서 자동으로 뒷배경을 삭제해 줍니다. 카카오 광고 특성상 뒷배경이 없어야 하는 부분이 있어서 필수로 알고 계시면 빠른 광고 소재를 만들 수 있습니다.

카카오 광고 경우 다른 광고에 비해 성과 측정이 아직은 많이 미흡합니다. 페이스북, 인스타그램, 유튜브 광고 등 광고를 보기 싫어도 어쩔 수 없이 보이는 화면구성이지만 카카오의 경우 카카오톡창 상단에 있다 보니 실제 사용자들이 광고를 보지 않고 채팅에 집중하는 사용자가 훨씬 많습니다. 이렇다 보니 광고 프로그램에서는 실제 사용자의 시야

이미지 뒷배경 제거 사이트

https://www.remove.bg/ko

까지 정확히 점검할 수 없어서 일단 타깃에게 노출하면 노출량으로 집계를 하게 됩니다. 그래서 노출 대비 클릭량이 굉장히 수치가 좋지 않다는 말이 많습니다. 이 부분은 카카오가 앞으로 개선해야 할 부분이라고 보입니다.

하지만 광고노출당 비용이 빠져나가는 광고 설정이 아닌 광고 클릭했을 때 빠져나가는 CPC 방식이므로 광고 비용의 손해는 아니므로 카카오 광고도 아이템과 광고성과 목표에 따라 꼭 해보시길 바랍니다.

추후 상단에 있는 카카오광고창이 중간 또는 랜덤으로 보이거나 지금은 전체 톡 화면에 뜨지만 개인 톡안에 광고가 뜨는 업데이트와 유튜브처럼 카카오 광고 버전과 카카오 유료 버전 등이 나온다는 여러 소문이 있습니다. 하지만 아직은 카카오의 광고 실적이 매번 최고치를 경신하고 있어서 카카오톡 자체의 광고성이 급변하지는 않을 것 같습니다.

# TAKE OFF

PART 6

# 서비스와 제품의 성공을 돕는 활주로

CHAPTER 1

# 어떻게든 테이크 오프에 성공하는 법

01

# 튼튼한 활주로만 있으면 어떤 사업이든 성공한다

비행기는 공항에 모여있습니다. 공항에는 비행기를 띄우기 위한 활주로와 비행기를 정비하는 전문인력이 상시 대기하고 있죠. 상품 하나를 마케팅해서 이륙시켰다면 여러분의 회사는 하나의 활주로를 깔았다고 볼 수 있습니다. 그다음 해야할 일은 지금의 비행기를 더 업그레이드하거나, 혹은 이륙에 성공한 비행기와 시너지를 낼 수 있는 두 번째 비행기를 만들어서 띄우는 것입니다. 테이크 오프를 이어가는 회사들은 지금의 사업 아이템이 앞으로도 잘 될 거라며 안주하지 않고, 항상 다음 행보를 준비합니다.

기존의 비행기가 업그레이드를 거쳐서 더 커지거나, 비행기의 대수가 늘어나서 더 많은 손님을 태울수록 항공사의 순이익은 증가합니다. 항공사가 아닌 비즈니스도 구조는 이와 비슷합니다. 차별화된 아이템

비행기가 이륙하려면 활주로가 필요하듯 제품이나 서비스도 시나리오가 필요함

하나가 성공하면 경쟁사에 따라잡히지 않도록 연구개발을 하면서 동시에 새로운 아이템도 개발해야 합니다.

기존의 비행기가 바뀌고, 새로운 비행기가 추가되면 당연히 비행기를 날리기 위한 시스템도 바뀌어야 합니다. 혹시 비행기마다 활주로가 다 다르다는 사실을 아시나요? 겉으로 봐선 콘크리트를 깔아놓은 포장도로처럼 보이지만, 자동차 고속도로와는 다르다고 합니다.

비행기가 이착륙하면서 땅에 충격을 주기에 강화 콘크리트를 이용해 탄탄하게 설계한다는데요. 활주로의 단단함과 길이에 따라 띄울 수 있는 비행기 기종이 다릅니다. 튼튼하고 길수록 몸집이 큰 비행기도 테이크 오프를 할 수 있는 것이죠.

활주로는 회사로 따지자면 상품을 성공시키기 위한 회사의 역량과

마케팅 인프라 전반으로 비유할 수 있습니다. 맨 처음 차별화된 엔진과 올바른 날개를 단 비행기를 날려서 번 돈으로 비행기를 업데이트했으면 활주로 역시 업데이트된 비행기에 맞춰서 바꿔야 합니다.

예를 들어 처음에 스마트스토어와 검색포털과 약간의 SNS 광고로만 돈을 벌었다면, 제품이 더 진보하고 마케팅 예산이 늘어났다면 자사몰을 만들어서 픽셀도 설치하고 좀 더 다양한 채널을 혼합해서 마케팅을 고도화할 수 있을 겁니다. 새로운 아이템을 추가해도 경험이 있으니 그 비행기에 맞는 활주로를 금방 추가할 수 있겠죠.

여러 개의 활주로가 모이면 다양한 종류의 비행기를 여러 대 날려 보낼 수 있는 공항으로 발전하게 됩니다. 이 경험, 인력, 매뉴얼, 시스템이 갖춰지면 경쟁사가 함부로 추월할 수 없는 회사의 든든한 기반이 생기고, 어떤 사업을 하더라도 일정 수준 이상의 성공은 거둘 수 있다는 자신감이 생길 것입니다.

조직의 규모가 더 커져서 한 사업의 사장을 넘어서 그룹 비즈니스의 회장을 맡고 계신 분들은 큰 규모의 공항이나 항공모함을 총괄한다고 볼 수 있습니다. 예를 들어 더본코리아 백종원 대표님은 사업영역이 다양합니다. 첫 시작은 원조쌈밥집으로 시작했으나 지금은 한식, 중식, 분식, 카페, 술집에 이르기까지 다양한 프랜차이즈 브랜드를 운영하고, 방송 출연 및 호텔사업까지 진출했습니다. 이런 다양한 활동이 가능한 이유는 요리와 장사 분야의 오랜 연구와 경험이 융합되어 내면에 여러 비행기를 띄울 수 있는 공항이 건설되었기 때문이라고 저는 생각합니다.

성공한 이커머스 업체 역시 비슷합니다. 이 분야의 강자인 B 회사는 맨 처음 광고대행사로 시작했습니다. 그런데 이제는 20개 이상의 브랜드에서 250종류 이상의 제품을 판매하고 있습니다. 히트상품은 140만 개 이상이 팔렸다고 하고요.

이처럼 공통점이 느껴지지 않는 분야에 이르기까지 제품을 잘 팔 수 있는 이유는 대중의 결핍을 읽어내어 소비자가 원하는 제품을 기획하고, 이 결핍을 임팩트 있는 동영상으로 부추기는 콘텐츠 마케팅 능력 덕분입니다.

생활용품, 화장품, 의류, 패션, 반려 용품, 주방 용품, 건강식품, 인테리어, IT 가전에 이르기까지 일관성이 없어 보이지만 사실은 더본코리아와 마찬가지로 다양한 활주로를 건설해서 여러 대의 비행기를 날리는 공항과 같은 역할이 될 수 있었던 것이죠. 분야를 막론하고 차별화된 엔진을 만드는 기획력과 날개를 붙여서 이륙시키는 엔진×날개의 공식을 만들고 인프라를 갖추면 어떤 아이템이 들어와도 깔아놓은 활주로를 통해 테이크 오프를 할 수 있습니다.

02

# 먼저 제거해야 할 마케팅 방해꾼 스포일러 골라내기

포뮬러 원 같은 모터스포츠 경기를 보면 경주용 자동차의 디자인이 우리가 평소 타는 자동차와 다르다는 걸 알 수 있습니다. 낮은 차체에 큰 바퀴, 드라이버를 보호하는 뚜껑이 없고, 꼬리 부분에는 스포일러라고 부르는 부품이 장착되어 있습니다. 이 스포일러는 비행기의 날개를 반대로 뒤집은 모양을 하고 있습니다. 실제 날개와 정반대의 역할을 수행하고요.

F1 레이스카는 최고 속도로 달리기 위해 설계된 자동차입니다. 속력이 워낙 빠르다 보니 비행기처럼 양력이 발생해서 차체가 살짝 공중으로 뜬다고 합니다. 그러므로 비행기의 날개를 뒤집은 스포일러를 달아 양력의 반대 힘인 항력을 발생시켜서 차가 지면에서 뜨는 일 없이 빠른 속도로 지상을 달리게끔 돕습니다.

어떻게 본다면 레이스카처럼 빠른 엔진을 장착한 탈 것에 스포일리의 반대가 되는 날개를 붙인 것이 비행기의 기초가 됩니다. 우리의 비즈니스도 차별화된 아이템에 스포일러를 붙이면 테이크 오프에 실패한 자동차가 될 것이고, 날개를 붙이면 하늘을 나는 비행기가 될 것입니다.

테이크 오프를 위해서는 우리 사업의 비행을 방해하는 스포일러부터 제거해야 합니다. 앞에서 이륙을 위해서라면 차별화 전략과 알맞은 마케팅 채널 공략이 필요하다고 말씀드렸는데요. 성공한 회사는 이 둘을 잘 지켰으며, 실패하는 회사가 이 둘을 갖추지 못하는 이유 역시 있었습니다. 제가 현장에서 마케팅 대행을 하며 느낀 비행을 방해하는 스포일러는 다음과 같은 3가지였습니다.

① 새로운 트렌드의 거부

② 지나친 일임

③ 충분하지 못한 투자

좋은 사업 아이템이 있더라도 내 상품을 매력적으로 표현하는 콘텐츠를 알맞은 마케팅 채널에 선보여야 합니다. 이를 위해 대행사와 잘 협업해야 하는데요.

첫 번째 트렌드의 거부는 본사가 대행사를 못 믿고 지나치게 관여하는 것입니다. 물론 자사 제품, 서비스에 대해 가장 잘 아는 사람은 본사의 임직원입니다. 그런데 내부 자체적으로 유능한 크리에이티브, 인하우스 마케팅 팀이 없기에 대행사에 외주 형태로 업무를 진행하는 데요. 최신 마케팅 채널과 해당 채널에서 어떤 콘텐츠가 트렌드고 승산이 높은지는 다양한 업종의 광고를 제작해보고 결과를 피드백하는 대행사가 더 잘 압니다.

물론 마케팅 비용을 내는 건 클라이언트인 만큼 최종적인 결정권은 본사에 있습니다. 그러므로 트렌드를 잘 파악하는 대행사를 만나서 괜찮은 기획안을 받았음에도 트렌드를 거부하고 옛날의 방식대로만 콘텐츠를 제작하고 광고를 내버리면 큰 효과를 보기 힘듭니다.

먼저 대행사에 시장과 상품에 관해 충분히 설명해드리고, 이를 바탕으로 기획안을 받으면 서로의 생각에 대해 계속 커뮤니케이션을 하면서 합리적인 방향으로 일을 진행해야 할 것입니다.

트렌드에 훤한 대행사를 믿지 않고 일일이 통제하는 것도 문제지만, 반대로 대행사가 알아서 다 잘해주겠지 하는 마인드를 갖고 모든 걸 맡기는 것도 문제가 됩니다. 저도 광고대행사를 운영하고 있으나 업계에는 좋은 대행사도 많지만, 올바르지 못한 대행사도 상당수 있습니다.

따라서 대표님들께서는 파트너 대행사가 일을 잘 하는지 감독할 줄 알아야 합니다. 그러기 위해서는 대표님과 마케팅 담당자가 온라인 마케팅에 대해 전반적인 지식을 갖출 필요가 있습니다. 구체적인 실무영역은 몰라도 공부를 통해 전체적인 흐름, 대략적인 내용은 알고 있어야 합니다.

마지막으로 충분하지 못한 투자입니다. 가끔 마케팅 담당자가 저한테 하소연할 때가 있습니다. 대표님이 매출은 높이고 싶은데 마케팅에 투자하는 돈을 아까워한다고 말이죠. 돈을 들이지 않고 효과를 볼 수 있는 마케팅 채널, 방법만 찾는다고 말입니다.

세상에 공짜는 없습니다. 물론 개중에는 돈을 쓰지 않고 홍보 효과를 볼 수 있는 마케팅 방법도 있습니다. 예를 들어 블로그, 카페, 유튜브, SNS 등에 쉬지 않고 콘텐츠를 발행하는 방법 말입니다. 하지만 효과에 한계가 있고 그만큼 시간과 인력을 투입해야 하기에 엄밀히 말하자면 공짜가 아닙니다. 시간과 노력도 돈인 세상이니까요.

모든 기업은 투자 활동을 합니다. 회사가 가지고 있는 돈에 필요하다면 대출까지 받아서 원자재를 구매하고, 공장을 만들며, 제품을 생산하고, 유통망을 갖추며, 마케팅을 통해 영업이익을 발생시킵니다. 레버리지를 일으켜서 큰돈을 번 다음 부채를 갚습니다. 사업을 한다면 투자를 두려워해서는 안 됩니다. 비용이 들더라도 더 많은 돈을 버는 쪽으로 생각해야 하죠. 그런데 많은 대표님이 사업을 하시면서 투자를 꺼려하시고 당장 매출 나는 것에만 치중하고 급급해 하십니다.

혹시 광고를 해봤는데 효과가 없다고 마케팅에 비용을 쓰는 건 무의미하다고 생각하시나요? 여기까지 책을 읽어보셨으면 이미 왜 마케팅을 했는데 효과가 없었는지 이유를 짐작하실 것입니다.

엔진과 날개의 결함을 보완했는데 실패하는 일은 없습니다. 이 시스템을 만들고, 마케팅을 진행하는데 들어가는 돈을 비용이라고 생각해서는 안 됩니다. 회사에 관한 투자로 보셔야 합니다. 그리고 한 번 광고하기로 마음을 먹었다면 최소 6개월은 꾸준히 해봐야 합니다.

처음 예상보다 단기간에 광고 성과가 나는 경우도 있지만, 대부분 시행착오를 거치면서 상세페이지를 보완하고, 회사에 맞는 콘텐츠를 찾아 나가는 기간이 지나야 광고 매출이 올라가기 시작한 업체도 많았습니다. 세일즈 포인트를 일찍 찾으면 그만큼 빨리 성과를 만들 수 있겠지만, 몇 개월이나 걸리는 경우도 있습니다. 딱 한 번 광고를 내보고 바로 제품이 팔리지 않는다고 해서 이 채널은 마케팅을 해봐야 소용이 없다고 단정지어서는 안 됩니다.

효과도 없는 광고를 6개월 이상 지속하라는 의미가 아닙니다. 요즘은 각 마케팅 플랫폼의 관리 계정과 홈페이지에 설치하는 구글 애널리틱스를 통해 광고 성과를 실시간으로 수치화해서 확인할 수 있습니다. 짧으면 2~3일, 길게는 1주일 광고를 진행해보면 효과가 있는 광고인지, 아닌지 빠르게 판단할 수 있습니다. 제가 말씀드린 6개월이라는 기간은 어디까지나 아이디어를 검증하기 위해 여러 매체에 다양한 광고 콘텐츠를 실험하면서 매출에 도움이 되는 방법을 찾고, 이를 적용하는 데 걸리는 시간을 뜻합니다.

03

# 실패 없이 유능한 마케터를 뽑는 방법

비행을 할 때에는 기장, 부기장, 승무원이 있습니다. 이들은 비행기를 아무 사고 없이 이륙시키고 목적지까지 운항하기 위해 협력하는 팀입니다. 사람의 결합에 대해 말하며 개인은 절대 팀을 이길 수 없다고 말씀드렸는데요. 처음에는 대표 혼자서 시작하더라도 시기가 되면 반드시 사내에 마케팅 조직을 갖춰야 합니다. 가장 이상적인 마케팅 팀은 대표가 마케팅에 대해 잘 알아서 사령탑 역할을 하고, 대표를 보조하며 팀원들을 이끄는 팀장과 실무를 담당하는 마케터를 채용하는 것입니다. 많은 대표들이 저에게 묻는 단골 질문이 있습니다.

"유능한 마케터를 대체 어디서 어떻게 구할 수 있나요?"

사실 마케팅 대행사 대표인 저조차 좋은 마케터를 뽑기가 쉽지 않다는 생각을 자주 합니다. 어떨 때는 제 회사에서 일할 직원을 뽑고, 어떨 때는 광고주나 교육을 듣는 대표님의 회사에서 일할 마케터를 뽑은 적도 있습니다.

면접을 보러 온 이들의 마케팅 경력을 들어보면 대부분 마케팅 채널 관리를 잘하는 경우가 많습니다. 블로그를 좀 잘 운영해서 상위노출 포스팅 잘 올리고 이웃관리를 잘한다, 페이스북 계정에 콘텐츠를 올리고 스폰서광고 설정을 할 줄 아는 것입니다.

즉, 각 채널에 대해 시키는 일을 잘하는 기술자를 구하기는 쉽지만, 엔진과 날개 전반을 기획하고 매출이 나는 마케팅 믹스를 진행할 줄 아는 팀장급 인재는 구하기가 힘듭니다. 이 정도 마케팅을 잘하는 인재는 대부분 회사에 소속되려 하지 않습니다. 자기 사업을 하려고 하죠.

마케팅 대행사를 창업하기도 하고, 누군가와 동업하거나, 프리랜서 마케터로 활동하면서 월급쟁이보다 더 많은 돈을 벌어갑니다. 한정된 월급을 받으며 한 직장에 매여있을 필요가 없는 것입니다.

특히 요즘은 온라인 강의를 통해 마케팅 대행사가 어떻게 수익을 내는지 정보가 오픈되어 있어서 사업 감각이 있고, 마케팅 잘하고, 마케팅 감각이 뛰어나다면 이 지식과 방법을 흡수해서 창업을 통해 큰 수익을 내곤 합니다.

실제로 저와 몇 년간 일하면서 마케팅을 배운 다음 퇴사하고 자기 사업을 시작해 월 1억 원의 매출을 올린 직원도 있습니다. 지금도 자주 사무실에 찾아와 근황을 들려주곤 합니다. 예전에는 좋은 인재가 회사에 오래 머무르게 하기 위해서는 복지와 연봉을 높이면 된다고 생각했습니다. 그렇게 회사에 남는 친구도 있지만, 창업할 친구는 결국 퇴사합니다.

그래서 저는 마케팅을 잘하는 팀장을 채용하기보다는 마케팅을 몰라도 마케팅에 관심이 많고 배우려고 하는 사람을 채용해서 팀장급으로 육성하는 방향을 권장합니다. 물론 일시적으로 프리랜서 마케터나 대행사를 쓰는 것도 한 가지 방법입니다. 그러나 최종적으로 내부에 마케팅 팀을 갖추는 것이 가장 이상적입니다.

비유하자면 중세 시대의 용병과도 같습니다. 전문 용병들은 산전수전을 다 겪은 프로이기에 즉시 전력이 되어주지만, 그만큼 비싼 보수를 줘야 하고 애사심을 기대할 수는 없습니다. 반면에 상비군은 용병에 비해 실력이 부족할 수는 있어도 운용비가 적고, 나라에 관한 애국심이 있어서 매사에 온 힘을 다합니다.

회사 역시 잠깐 대행사나 프리랜서 마케터의 힘을 빌릴 수는 있습니다. 이들은 즉시 전력이 되어주지만 비싸고, 어디까지나 외부 인력이기에 커뮤니케이션에 한계가 있습니다. 같은 사무실을 쓰지 않으니까 피드백이 빠르지 않고, 우리 회사만 전담하는 것도 아니기에 집중도가 분산됩니다.

똑같은 마케팅을 한다면 내부직원이 직접 마케팅하는 편이 비용 대비 성과가 가장 좋습니다. 게다가 내부에 항상 상주하는 만큼 실시간 소통도 원활하고, 회사 사정을 자세히 아는 만큼 기획도 더 잘합니다. 대신 내부직원을 전문 마케터로 육성해야 하므로 먼저 대표가 마케팅의 이론과 실무를 잘 알아야 하며, 직원이 성장하기까지 다소의 시간이 걸린다는 점은 고려해야 합니다.

04

# 사장님이 반드시 마케팅하는 법을 알아야 하는 이유

경험상 대표가 마케팅을 잘하는 조직은 매출이 안 나올 수가 없습니다. 제가 아는 D사 사장님은 저뿐만 아니라 유명한 마케팅 강사의 강의를 시간이 날 때마다 수시로 섭렵하고 다닙니다. 마케팅 생태계 전체를 보는 시야가 생기자 어떤 부분은 회사에서 직접 하는 것이 좋고, 어떤 부분은 외주를 맡기면 좋은지를 너무 잘 아십니다.

일단 대표가 교육을 받아서 마케팅을 직접 해보고, 채널별로 직원을 뽑아 이 방법을 전수해서 실무를 맡기는 식으로 마케팅팀을 조직합니다. 회사 안에서 하기 힘든 부분은 외부의 힘을 빌리니 전체 효율이 높을 수밖에 없죠. 비행기의 기장이 비행기 내부에서 일어나는 모든 일을 다 하지는 않지만, 모든 것을 다 알아야 하는 것처럼 대표는 매출과 가장 직접적인 연관이 있는 마케팅에서 손을 떼어서는 안 됩니다.

대표가 마케팅을 잘 모르는 상태에서 대행사를 쓰다가 아무런 효과도 없는 마케팅에 비용만 낭비하는 경우도 많이 접해봤고, 직원에게 마케팅을 전부 일임했더니 투입한 광고비 대비 성과를 만들지 못하거나, 직원이 마케팅을 잘 모르는 상사의 무리한 요구를 어떻게든 맞추기 위해 매출은 도외시하고 실적 보고를 위한 마케팅을 하는 경우도 많이 봐왔습니다.

특히 큰 규모의 업체일수록 대표와 마케터 간에 의사소통이 안 되어서 마케팅이 실패하는 상황도 많이 봤습니다. 아래의 대화는 실제 최근에 있었던 광고주 회사의 마케팅 담당자와 저와의 대화입니다.

"과장님, 이렇게 마케팅 하는 건 효과가 없을 것 같아요. 이건 광고 안 하느니만 못해요."

"이상규 대표님, 제 생각도 같습니다. 비용만 나갈 거 뻔히 보이는데 저희 대표님은 자꾸 그냥 이렇게 하래요……."

"저희야 광고비를 주시니 광고 집행은 하지만 효과가 없을 걸 뻔히 아는데 광고를 하는 건 도리도 아니고, 무엇보다 과장님 회사 매출에 도움이 안 되니 아닌 것 같습니다."

"저도 계속 대표님에게 여러 번 말씀드렸고, 이상규 대표님 의견도 같이 전달 드렸는데 뜻을 굽히지를 않으시네요. 그냥 대표님 원하시는 대로 광고 집행해주세요."

이렇게 마케팅을 좀 아는 사람은 누가 봐도 효과가 없을 광고를 업체의 고집으로 진행하는 경우가 종종 있습니다. 심지어 광고주의 직원분이 저한테 같이 대표를 설득하는 걸 도와달라고 부탁하기도 합니다. 그나마 마음을 돌리시면 다행인데 그렇지 않으면 뒤늦게 방향을 바꾸기도 하고, 왜 효과가 없냐고 적반하장 큰소리를 치는 경우도 있었습니다.

대표님과 직접 미팅을 할 때도 있지만, 규모에 따라서는 마케팅 담당자분과 소통이 더 많은 업체도 있습니다. 이런 경우 마케터들이 저에게 가끔 하는 말이 있습니다.

"저희 회사 대표님이 마케팅에 관해 이해를 좀 하셨으면 소원이 없겠어요."

사업 아이템이 나쁜 것도 아니고, 예산이 부족한 것도 아닌데 대표와 마케팅 담당자 간의 이해관계에 따라 충분히 잘 될 수 있는 마케팅이 실패하는 일이 생깁니다. 그러나 대표가 마케팅을 잘 알면 스스로 올바른 마케팅과 그릇된 마케팅을 감별할 수 있기에 대행사에 사기를 당하는 일도 없고, 직원들에게도 회사가 향후 나아갈 정확한 마케팅 방향과 현실적인 플랜을 제시함으로 불협화음 없이 목표를 향해 같이 달릴 수 있습니다.

물론 회사 사정에 따라 대표가 직접 마케팅 전문가가 되어서 마케팅 조직을 만드는 것이 힘든 경우도 있습니다. 이럴 때는 전반적인 온라인 마케팅 이론, 채널별 특징, 생태계 정도라도 알아두면 최소한 마케터와 의사소통은 가능합니다.

광고주 회사 임직원들의 마케팅 역량 강화가 절실한 문제라는 걸 깨달은 이후로 리더의 마케팅에서는 정기적으로 마케팅 교육을 하고 있습니다. 회사 이름을 '리더의 마케팅'으로 지은 이유도 많은 리더가 올바르고 정확한 마케팅 지식이 아직 부족하다 느껴서, 그런 대표님에게 올바른 마케팅을 알려드리고 싶었기 때문입니다.

대표님은 바쁘셔도 일주일에 1~2번이라도 시간을 내서 마케팅에 관한 전반적인 지식과 생태계 및 트렌드 변화를 가르쳐드리고, 직원에게는 여러 마케팅 채널을 어떻게 관리 및 유지하면 되는지 직접적인 실무를 가르치고 있습니다. 이렇게 대표와 직원이 함께 교육을 받으면 둘 사이에 마케팅 관련 주제로 지식, 인식의 격차로 의사소통이 안 되는 일은 없습니다.

마지막으로 마케팅 부서 세팅에 대해 말씀드리겠습니다. 마케팅 담당자를 채용했다면 철저하게 마케팅 업무만 하게 해야 합니다. 대기업처럼 부서가 명확하게 분리되지 않은 소상공인 사장님의 경우 마케팅을 진행한 결과가 바로 나지 않아서 마케팅 담당자에게 마케팅 외에 다른 잡무까지 덩달아 맡기는 상황이 있습니다.

컴퓨터도 동시에 여러 가지 일을 하면 느려지고 다운되는 것처럼 사람의 집중력도 감당할 수 있는 한계가 있습니다. 이것도 저것도 한꺼번에 시키면 마케팅에 온전히 집중할 수 없고, 그만큼 성과가 나지 않습니다. 최대한 마케팅 한 가지에 집중할 수 있는 환경을 조성해주셔야 합니다.

개중에는 직원들이 마케팅을 잘하게 되면 나가서 창업할까봐 망설여진다는 사장님도 계셨습니다. 열 길 물속은 알아도 한 길 사람 속은 모른다는 말이 있죠. 꼭 마케팅이 아니더라도 어느 부서든 경력이 쌓인 직원이 갑자기 퇴사할 수 있습니다.

앞에서 실력 있는 마케터는 창업이나 프리랜서 활동을 하는 자유롭게 활동하는 분들이 많지만, 동시에 직장생활을 선호하는 마케터 역시 있습니다. 마케팅과 경영은 전혀 별개의 업무이기 때문입니다. 마케팅을 잘하더라도 사업 아이템 찾고 영업하며 CS 상담하고, 인사관리하고 세무 회계를 처리하며 리스크를 짊어지는 걸 선호하지 않는 마케터도 많습니다. 월급과 인센티브 잘 챙겨주면 만족하며 회사에 근무하는 것을 선호하는 것입니다. 그리고 직원의 퇴사를 우려하며 채용을 안 할 수도 없지 않을까요? 경험상 훗날 직원 역량이 강화되고 매출에 크게 기여하면 이에 상응하는 대우를 해주는 편이 훨씬 효과적이었습니다.

05

# 가성비 좋은 현명한 광고비 사용법이란 이런 것

비행기를 이륙시키기 위해서는 연료가 필요합니다. 마케팅하는데 필요한 연료는 자금이라고 할 수 있겠죠. 비행기는 몸집이 커서 많은 연료를 넣을 수 있습니다. 다만 연료를 필요 이상으로 많이 실으면 무게가 늘어나 엔진의 출력이 높아져서 연료 소모량이 많아집니다. 그래서 목적지까지 가는데 필요한 최소한의 연료에 플러스알파로 갖가지 변수를 계산해서 어떤 예기치 못한 사태가 발생해도 대응할 수 있을 수준의 연료를 추가로 채우고 이륙합니다.

안전과 효율의 균형을 맞춰서 기름을 채워 넣는 것처럼 마케팅에 사용할 광고비도 사용할 수 있는 총 예산이 얼마냐에 따라 전략적으로 짜야 합니다. 만약 광고비 예산이 500만 원 아래라면 대행사를 쓰기보다는 마케팅 교육에 투자하는 편을 추천합니다.

500만 원으로 광고대행사를 이용한다고 가정하면 500만 원이 전부 광고비로 사용되지 않습니다. 20~30퍼센트는 대행사 수수료 비용으로 빠지기에 실제 마케팅에 사용되는 광고비는 100~150만 원을 뺀 350~400만 원 사이가 됩니다. 대행사도 수익을 남겨야 회사를 운영할 수 있으므로 광고비가 500만 원 밑이면 큰 예산이 아니다 보니 그 광고주만을 위한 1:1 맞춤형 마케팅을 기획하지 않습니다. 미리 구성한 패키지대로 기계적으로 광고를 진행하는 편입니다.

틀대로 짜인 패키지 상품이 안 좋다는 이야기는 아닙니다. 내 아이템에 차별화된 엔진이 부착되어 있다면 날개는 상대적으로 덜 중요하기에 충분히 효과를 볼 수 있습니다. 빠르게 실적을 내야 하는 상황이라면 이런 패키지 상품을 이용하는 것도 나쁘지 않지만, 저라면 차라리 마케팅 교육을 통해 전반적인 채널부터 이해하고 배운 내용을 토대로 직접 광고를 진행하겠습니다.

어떻게 마케팅 공부를 시작해야 하냐는 질문도 많은데요. 관련 책을 사서 읽어보고, 유튜브를 시청하고, 마케팅 강사들이 진행하는 오프라인 세미나, 원데이 클래스에 참석하거나 혹은 반복 시청할 수 있는 저렴한 온라인 강의부터 수강해보는 것입니다.

언택트 문화의 확산으로 1만 원, 7만 원, 10만 원 등 저렴한 금액대로 마케팅 온라인 강의를 수강할 수 있는 강의 플랫폼이 늘어나고 있습니다. 처음부터 비싼 강의를 듣지 마시고 저렴한 온라인 강의부터 하나둘 섭렵해서 전체적인 마케팅 생태계를 이해하게 된다면 이전과 비교해서 마케팅과 사업을 바라보는 시야가 놀라울 만큼 넓어질 것입니다. 여러 강사의 주장이 비교 및 대조되면서 옳고 그름을 판단할 안목도 생깁니다.

그렇다면 총 예산이 500만 원보다 많다면 어떻게 하는 게 좋을까요? 회사 내에 자체적인 마케팅 부서가 있다면 마케터와 소통하면서 마케팅을 추진하면 됩니다. 그렇지 않다면 좋은 대행사를 찾아야 합니다. 좋은 대행사란 일단 담당자와 소통이 잘 돼야 합니다. 그리고 단순한 채널 공략을 넘어서 장기적인 비즈니스 기획을 함께 해주는 곳이 좋습니다.

아마도 많은 사장님이 광고대행사의 TM 영업을 겪어보셨을 것입니다. 키워드 광고를 한 달 공짜로 해주겠다, 블로그 상위노출을 해주겠다, 체험단을 모집해주겠다, 배너광고를 해주겠다 등등 여러 종류의 전화가 걸려오는데요.

앞에서 말씀드렸다시피 마케팅 대행 업계는 좋은 대행사도 많지만, 그렇지 못한 업체도 많으므로 좋은 회사인지 꼼꼼히 점검할 필요가 있습니다. 모든 대행사가 그런 건 아니지만 영업 전화를 하는 대행사 중에서는 바가지를 씌우거나 돈을 입금받고 회사가 사라지는 경우도 있습니다.

우리가 자동차를 살 때 직접 물건을 보고 고르는 것처럼 마케팅 대행사도 원격으로만 이야기를 해보고 선정할 것이 아니라, 꼭 본사를 찾아가 오프라인 미팅을 해보셔야 합니다. 회사가 실체는 있는지, 직원들은 어떻게 일하는지, 담당자가 될 팀장과도 직접 대화를 나눠서 마케팅을 얼마나 잘 아는지 점검해보시기 바랍니다.

그냥 단순 광고 작업이라면 재능기부 사이트를 통해 찾는 것도 나쁘진 않지만, 큰 청사진을 만들어서 장기간 함께 할 파트너를 찾는 것이 목적이라면 반드시 오프라인 미팅을 통해 진짜 믿을 수 있는 대행사인지 검증하셔야 합니다.

좋은 대행사를 찾았거나, 마케팅팀을 구축했다면 이제 예산 배분을 할 차례입니다. 회사가 최소 3~6개월 꾸준히 소비할 수 있는 마케팅 예산 규모를 먼저 파악해야 합니다. '딱 1달만 광고를 해보겠다'와 같은 단타성 마케팅은 효과가 대박적으로 일어나기란 쉽지 않습니다. 1달만 해서 매출이 오른 사례가 없지는 않습니다만, 대개 행운이 따르거나 사업 아이템 자체가 단순 노출에 의존도가 높은 경우였습니다.

말씀드렸다시피 일반적으로 3~6개월의 기간은 필요합니다. 사업에 맞는 최적의 마케팅 공식을 발견하기까지 시간이 걸리기 때문입니다. 저는 상품과 시장에 대해 이야기를 들으면 어떻게 차별화된 엔진을 장착해서 어떤 채널에 어떤 유형의 콘텐츠를 어떤 순서대로 노출하면 마케팅 효과가 있겠구나 큰 그림이 그려지는 편입니다.

오랜 세월 축적된 경험이 있기에 상대적으로 기획이 빨리 나오지만, 성공을 100퍼센트 장담할 수는 없습니다. 업계 전문가니까 실패할 확률이 작을 뿐입니다. 실제 처음 기획한 대로 마케팅을 했으나 예상하지 못한 변수 때문에 큰 효과를 못 보면 실패한 원인을 분석해서 다시 마케팅해야 합니다. 어떤 회사냐, 어떤 상품이냐에 따라 항상 다르지만 짧게는 1~2개월에서 길게는 3~4개월의 시행착오 기간을 거쳐야 그 회사에 가장 안성맞춤인 마케팅 계획을 발견할 수 있었습니다.

만약에 광고 총예산이 1,000만 원이 있고, 이를 3달 동안 마케팅하겠다면 나누기 3을 해서 한 달 예산은 333만 원 정도가 될 겁니다. 6개월 동안 한다면 나누기 6을 해서 166만 원 정도가 될 겁니다. 회사가 온라인 기반이 전혀 없는 상태라면 홈페이지 제작부터 시작해야 하기에 초기에 비용이 많이 집중되는 편이고 어느 정도 기본을 갖춰놓은 상태라면 일단 적은 금액으로 시행착오를 겪고, 성공 방정식을 발견하면 예산을 더욱 증폭해서 공격적으로 마케팅을 하게 됩니다.

에 필 로 그

# 당신의 비즈니스가 진정으로 비상(飛上)하길 바라면서

누구나 비즈니스의 세계에 뛰어들게 되면 자신의 사업이 비상하는 걸 꿈꾸게 됩니다. 경험상 많은 사장님들은 특히 자신만의 사업 아이템이 있으니 온라인 마케팅이라는 날개만 달면 바로 비상할 거라는 기대심을 품기 쉽습니다. 그러나 여태까지 말씀드린 바와 같이 점점 쇼핑몰 상품평, 네이버 블로그 후기, 유튜브 언박싱 영상 등을 통해 가격, 사용 후기 등 상품정보가 빠르게 공유되고 있는 추세입니다. 나와 경쟁사의 정보가 인터넷을 통해 전부 공개되어 있어서 눈길을 끄는 특별함이 없으면 소비자의 선택을 받기 힘든 세상이지요.

실제 마케팅 대행사를 운영해오면서 큰 비상을 이뤄낸 사장님들은 먼저 자신의 사업에 '차별화된 엔진'을 부착하고 '온라인 마케팅이라는 날개'를 붙인 이들이었습니다. 사실 많은 분들이 내 사업 아이템에도 이런 차별화된 힘이 필요하다는 걸 나날이 느끼고 계실 것입니다. 그러나 익숙한 기존의 틀에서 더 나아가 특별함을 만들 방법이 쉽사리 떠오르지 않아서 어려움을 겪고 있습니다.

이와 관련해서 백종원 대표님의 〈골목식당〉에 나온 한 사례를 소개해드리고 싶습니다. '포항시 꿈틀로 편'에 출연한 '덮죽 사장님'의 일화가 기억나시나요? 덮죽 사장님은 본래 요리하고는 전혀 무관한 일을 해오다가 집안 사정으로 수제 냉동 돈가스 집을 개업하게 되었습니다. 백종원 대표의 컨설팅을 받고 사업 아이템을 돈가스에서 죽으로 변경하기로 결심합니다.

〈덮죽〉 사장님의 치열한 연구 흔적

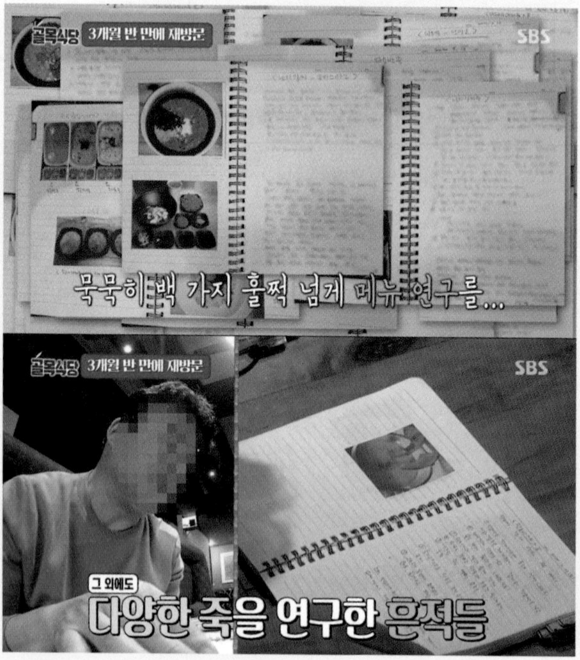

그리고 여기서부터 놀라운 변화가 시작됩니다. 가게를 되살릴 수 있는 특별한 죽을 만들기 위한 고민과 연습, 피드백이 시작된 것입니다. '이런 죽을 만들면 어떨까?'라는 아이디어를 최대한 수집해서 이를 하나씩 직접 다 만들어보고, 만든 결과를 노트에 꼼꼼하게 기록했습니다.

백종원 대표가 3개월 후 가게를 재방문했을 때 사장님은 100번이 넘는 실험을 3권의 연구일지로 정리한 상태였습니다. 그 치열함 속에서 탄생한 덮죽은 맛과 특별함 두 마리 토끼를 잡았고, 백종원 대표와 시청자 모두를 감동시켰습니다.

이 책에서 저는 누구나 비상의 실마리를 얻을 수 있는 테이크 오프의 12가지 방법론을 설명해 드렸습니다. 사실 기막힌 아이디어가 바로 떠오르는 것만큼 좋은 것은 없습니다. 덮죽 사장님도 '특별한 죽을 만들겠다'라고 결심했을 때 바로 덮죽이 떠올랐다면 얼마나 좋았을까요?

하지만 모든 예술가, 크리에이터들이 공통으로 하는 말이 있습니다. "번뜩이는 영감은 엉덩이가 무거워서 내가 원할 때 부른다고 바로 달려오지 않는다."

이럴 때 우리가 할 수 있는 최선은 최대한 많은 아이디어를 리스트로 작성하고, 1번부터 하나씩 적용해보며, 아이디어를 적용한 결과가 어땠는지 기록하는 것입니다. 분명 덮죽 사장님도 아이디어를 하나둘 실험하면서 많은 영감을 얻었을 것입니다.

'죽을 이렇게 만들면 이런 점이 나쁘구나, 이런 점이 괜찮구나. 이 부분을 피하면서 이 부분은 이렇게 응용해서 살려볼 수 있지 않을까?'

그렇게 아이디어 실천하면서 알게 된 점을 피드백하고 생각을 발전시키면서 덮죽이라는 결과에 도달했을 것입니다. 테이크 오프를 위한 12가지 차별화도 이와 유사합니다. 비즈니스를 구성하는 제품, 서비스, 사람이라는 3가지 변수를 더하고, 빼고, 결합하고, 나눠보면서 내 비즈니스가 비상할 수 있는 돌파구를 찾아내는 것입니다. 뇌리에 번개처럼 스치는 창조적인 발상이 없더라도 최소 12가지의 아이디어는 생각해 낼 수 있습니다.

마치 덮죽 사장님이 생각한 아이디어로 직접 죽을 끓여보면서 요리에 대해 많은 걸 배웠던 것처럼, 12가지 아이디어를 내 비즈니스에 적용해 테스트하는 과정에서 하면 안 되는 것을 배우고, 새로운 아이디어가 떠오르면서 점점 내 비즈니스가 고도화될 것입니다.

생각만으로 그친 것과 직접 해본 것 사이에는 큰 차이가 있습니다. 다소 엉뚱한 생각이라도 괜찮습니다. 마케팅에는 1+1=2 같은 정답은 없으니까요. 기존의 틀과 한계에 얽매이지 말고 자유롭게 발상하며 사업에 적용해서 인사이트를 쌓아나가면 여러분의 사업도 반드시 비상할 수 있으리라 믿습니다.